MW00584033

Kalle Kniivilä

Lando kiu vekiĝis

Rakontoj el Ukrainio

Mondial
Novjorko

Mondial
Novjorko

Kalle Kniivilä
Lando kiu vekiĝis
Rakontoj el Ukrainio

Kovrilfoto: Kalle Kniivilä

Tiu ĉi libro aperas ankaŭ en la sveda kaj la finna.

ISBN 9781595694522

www.esperantoliteraturo.com

Enhavo

La aerataka alarmo eĥas en la ĉefurbo de Ukrainio. Oni apenaŭ aŭdas la sirenojn tra la dikaj muroj, sed la alarma aplikaĵo en la telefono laŭte blekas, ruĝe blinkas kaj urĝas min trovi ŝirmejon. Mi faras nenion. Estas frua mateno, la lito estas komforta, kaj la loĝantoj de Kijivo jam delonge ĉesis atenti la regulajn alarmojn. La fronto foras. La rusiaj trupoj, kiuj provis kapti la ĉefurbon, estis forpelitaj antaŭ pluraj monatoj, kaj delonge oni ne bombis ĉi tie. Subite aŭdiĝas surda eksplodo. Poste sirenoj de urĝaj veturiloj.

Tio fine igas min salti el la lito, kie mi pigre kuŝis. Rusa krozmisilo trafis centran stratkruciĝon 800 metrojn de la apartamento. Estas mateno, la 10-a de oktobro 2022, kaj Rusio komencis sian novan bombardan kampanjon. La celo estas per teroro devigi la loĝant-aron al subiĝo kaj detrui esencan civilan infrastrukturon, unua-vice la elektron kaj la hejtosistemon. Tio estas krimo kontraŭ la internacia humanitara juro. Nur ĉi tiun matenon almenaŭ 83 diversspecaj misiloj kaj 17 iranaj droneoj estas pafitaj ĉefe kontraŭ civilaj celoj en Ukrainio.

En Lvivo en okcidenta Ukrainio la elektro malaperas. Ĉesas funkcii la hejtosistemo kaj varma akvo. En Ĥarkivo en orienta Ukrainio la elektro malŝaltiĝas en partoj de la urbo. En Zaporiĵo en centra Ukrainio estas trafita loĝdomo. En Kijivo sep homoj pereas kaj 49 estas vunditaj. Unu el la mortintoj estas la kancer-kuracisto Oksana Leontjeva, kiu specialiĝis pri transplantado de medolo. Ŝi ĵus lasis sian kvinjaran filon en la vartejo kaj survojis al sia laboro en la infana malsanulejo Oĥmatdit en centra Kijivo. Tiam rusia misilo trafis la bulvardon Ŝevĉenko kaj eksplodigis ŝian aŭton en mil pecojn. Tiu estis la bruo, kiun mi aŭdis.

Sed Ukrainio restas. La ukrainoj restas. Kaj ili ne intencas ĉesi ekzisti nur, ĉar Vladimir Putin diras ke ili estas la sama popolo kiel la rusoj, nur ĉar la militkrimulo en Kremlo opinias la nuran ekziston de Ukrainio granda historia miskompreno.

Se io klariĝis post la komenco de la rusia invado de Ukrainio la 24-an de februaro 2022, do jeno: Ukrainio ne estas Rusio – kvankam la Moskvaj regantoj tion asertadas de jarcentoj. Sed kie troviĝas la diferenco? Kial la ukrainoj fojon post fojo sukcesis forŝanĝi potenculojn, kiujn ili malŝatis – dum tiuj rusoj, kiuj defias la aŭtokration de Putin, trovas sin en prizono aŭ estas murdataj? Multaj asertas, ke oni serĉu la respondojn en la historio de la landoj. Ĝuste tial Vladimir Putin iĝis fervora amatora historiisto, kiam li antaŭ la invado provis elfosi pruvojn pri tio, ke ukrainoj fakte estas rusoj. Li asertis, ke la moderna Ukrainio fakte estis kreita de Lenino, la fondinto de Sovetio. Kiam la ukrainoj en sia entuziasmo liberiĝi de sia sovetia heredaĵo nun forigis ĉiujn statuojn de Lenino, oni ja rajtas dubigi la tutan pluan ekziston de la ukraina ŝtato, Putin argumentis en sia televida parolado la 21-an de februaro 2022:

"Vi volas senkomunismigon? Bone, ni ne kontraŭas. Sed oni ne haltu duonvoje, kiel oni kutimas diri. Ni pretas montri al vi, kion vera senkomunismigo signifas por Ukrainio."

La praktika konkludo de la prelego de Putin estis, ke Ukrainio rajtas ekzisti nur tiom, kiom permesas la granda frato en Moskvo – kaj nun elĉerpiĝis la pacienco de la granda frato. La neobeeman knabeton necesas kapti je la orelo por montri, kiu fakte decidas – jen instruo, kiun la regantoj en Moskvo klopodas enkapigi al la ukrainoj almenaŭ ekde la 17-a jarcento.

Fakte tamen Kijivo estas la granda frato. La urbo estas multe pli aĝa ol Moskvo. Ĉi tie estiĝis la praa ŝtato de Rus, la Kijiva regno, kies heredaĵon la regantoj en Moskvo poste alproprigis.

Ankaŭ la aserto de Putin, ke la hodiaŭan Ukrainion kreis Sovetio, venas el ia postspegula mondo. Prefere ĝuste la ekzisto de Ukrainio kondukis al tio, ke Sovetio en 1922 estis kreita en la formo de unio de formale sendependaj respublikoj. Necesis kontentigi la ukrainojn, kiuj post la falo de la cara regno en 1917 kreis efemeran sendependan ŝtaton kaj batalis kontraŭ rusoj kaj poloj por konservi sian suverenecon.

La sendependeco de la sovetaj respublikoj baldaŭ montriĝis iluzia, sed tio estas alia kaj por Ukrainio tre trista rakonto. Nur lige kun la disfalo de Sovetio en 1991 Ukrainio povis komenci restarigi sian sendependon. Aliflanke oni povas aserti, ke ĝuste la ukraina referendumo pri sendependo en 1991 estis la lasta najlo en la ĉerko de Sovetio. La vojo al vera sendependo ne ĉiam estis rekta aŭ simpla. Komence de la kaosaj, postsovetiaj 1990-aj jaroj ne ĉiam klaris la diferenco inter Ukrainio kaj Rusio – precipe ne por la ruslingvaj loĝantoj de la sovetiaj industriaj urboj en orienta Ukrainio. Dum la jaroj kiuj pasis de tiam tamen iĝis ĉiam pli evidente, ke la du landoj elektis malsamajn vojojn. La kontraŭstaro al la rusia invado en februaro 2022 montris al la tuta mondo, ke Ukrainio nek estas nek volas iĝi Rusio.

En ĉi tiu libro ordinaraj ukrainoj donas sian bildon pri tio, kiel la lando ŝanĝiĝis de post la disfalo de Sovetio, kaj kiel Ukrainio diferencas de Rusio. La respondoj diversas, tamen la plej multaj konsentas, ke kiam Rusio transiris de postkulisaj manipuloj al rekta milita atako kontraŭ Ukrainio, tio kondukis al neniam pli frue spertita nacia unueco.

Ĉi tiu estas libro pri Ukrainio kaj ukrainoj, ne pri la milito de Rusio kontraŭ Ukrainio. Sed en Ukrainio la milito ĉie ĉiam apudas, kaj same en ĉi tiu libro. Ĉiuj ukrainoj, kiuj parolas en ĉi tiu libro, estis rekte trafitaj de la milito. La plej multaj devis forlasi sian hejmon. Kelkaj povis reveni, aliaj daŭre ne scias, kien pluiri.

La 24-jara Anna venas el la malgranda urbo Nikopol ĉe la rivero Dnepro. Ŝi fuĝis al Lvivo en okcidenta Ukrainio kun sia edzo kaj du infanoj por eskapi la rusian bombardadon. Ŝi ne volas veturi al eksterlando, kiel faris multaj aliaj, ŝi esperas ke la rusoj baldaŭ estos forpelitaj aŭ rezignos.

– Mi volas reiri hejmen. Kiam mi venis ĉi tien, mi ploris tutan tagnokton. Putin volas regi la tutan mondon, li diras, ke li liberigos nin de io, sed mi volas nur ke ĉi tio finiĝu, ke ni povu vivi kiel antaŭe.

Kiam mi aŭdas la bombeksplodon en Kijivo lunde la 10-an de oktobro 2022, mi kaptas la komputilon kaj kaŝas min en la senfenestra banĉambro. Mi klavumas al la retejo de la ukraina fervoja kompanio kaj rezervas bileton por la unua trajno al Pollando. Kiam la malalarmo fine post pluraj horoj sonas, mi prenas mian rulvalizeton kaj ekas direkte al la fervoja stacio. Surstrate sunas. En la varma aŭtuna tago multaj Kijivanoj jam estas ekstere kaj okupiĝas pri siaj aferoj. Unu viro portas du enormajn botelojn kun trinkakvo, cetere ĉio estas kiel kutime. Eble la mienoj iom pli severas ol en la antaŭa tago, sed la diferenco estas minimuma. La kruciĝo, kie eksplodis la misilo, estas barita. Policano staras meze de la strato kaj direktas la trafikon. Alia misilo trafis la ĉefan oficejon de la elektroreta kompanio Ukrenergo proksime al la stacidomo. Ankaŭ tie la policanoj staras kaj direktas la trafikon, kiu estas iom malpli densa ol kutime, sed jam komencas pliiĝi.

Suvenira butiko en la fervoja stacidomo elmontras T-ĉemizon ornamitan de la poŝtmarko kun la flagŝipo de la Nigramara floto de Rusio, Moskva. La militŝipon sinkigis du ukrainaj misiloj la 14-an de aprilo 2022. Sur la bordo staras ukraina soldato kaj montras al Moskva sian mezan fingron. Precize kiam mi intencas pagi, mia poŝtelefono denove ekblekas. La atak-alarmo signifas, ke ĉiuj butikoj fermiĝu.

– Ĉu mi havas tempon aĉeti ĝin? mi demandas.

– Se vi aĉetos, mi vendos, la vendisto respondas.

Sen troa urĝo ŝi pakas la ĉemizon en plastan sakon kaj donas al mi la ŝanĝmonon. Tiam vekiĝas la laŭtparolila sistemo de la stacidomo: "Averto! Averto! Aerataka alarmo! La stacidomo estas evakuata, ĉiuj iru al ŝirmejoj!"

Bonorde la pasaĝeroj atendantaj sian trajnon komencas moviĝi direkte al la subeniranta ŝtuparo. La etoso estas trankvila, neniu puŝas sin preter aliajn. Sube en la kela etaĝo, apud la aŭtomataj valizoŝrankoj, iu sternas maldikan matracon. Aliaj sidiĝas sur sia valizo kaj komencas fingrumi sian poŝtelefonon. Infanoj ludas, kelkaj plenkreskuloj klavklakas sur siaj komputiloj. Ĉiuj jam spertis ĉi tion kaj scias, ke povos daŭri.

La laŭtparoliloj anoncas alvenantajn kaj forirantajn trajnojn – ili veturas kiel kutime, spite la alarmon. Tiuj, kiuj bezonas trafi trajnon, atendas en la tunelo sub la platformoj. La trajno al Pollando ekas precize ĝustatempe. Ukrainio ne haltas. Ukrainio ne kapitulacas.

La spacveturilo en Lviv

Oktobro 2022

Spacveturilo surteriĝis rande de Lvivo en okcidenta Ukrainio. La futurisme fortika aĵo el griza metalo kun neregulaj formoj ŝajnas preta ekflugi en ajna momento. Tamen ĝi fiksiĝis ĉi tie, en la nebuleca pluvo, kune kun siaj centoj da pasaĝeroj, kiuj survojas el unu realo al alia, el la tempo antaŭ la 24-a de februaro al nekonata futuro.

Arena Lviv estis konstruita por alia mondo. Arkitektoj el Vieno kaj Lvivo planis ĝin por la Eŭropa futbala ĉampionado en 2012, kiun Ukrainio aranĝis kune kun Pollando. La spektejo havas spacon por publiko de 35 000 futbalemuloj. Nun la sidlokoj vakas. Estas milito. Flava rubando ĉe la pordego en la alta barilo per grandaj, nigraj literoj rakontas, kie ni trovas nin: "Helpocentro por enlandaj rifuĝintoj".

Interne de la barilo staras granda, blanka, kupola tendo, kiajn oni povas vidi en krizaj regionoj ĉie en la mondo. Jen sidas la volontuloj, kiuj akceptas novalvenintojn kaj kontrolas, ke neniu senrajte eniru la terenon. Ĉiuj loĝantoj havas kolorkoditan brakbendon, kiu indikas, kie troviĝas ilia lito kaj kiam estas ilia vico manĝi.

La simplaj litoj staras en longaj vicoj en ejo, kiu iam estis granda, luksa restoracio por bonstataj futbal-amantoj. Malantaŭ la longa bar-tablo nun kuŝas stakoj el rezervaj litkovriloj kaj littukoj, enormaj akvobotejoj por la trinkaŭtomatoj kaj kesto kun infanlibroj. La televidaj ekranoj, kiuj en la iama mondo montris la okazantan futbalmaĉon, nun nigras – krom unu. Tie videblas mapo de la aeratakaj alarmoj en la tuta Ukrainio. Ĝuste nun la situacio estas trankvila, nur la plej orienta provinco, tiu de Luhansk, ruĝe lumas, samkiel ĉiam – la tuta provinco estas okupita de Rusio.

Ĉar mi tranoktos en la rifuĝejo, mi estas registrata same kiel ĉiuj aliaj. La volontuloj de la futbal-klubo Ŝaĥtar el la okupita Donecko notas miajn pasportajn informojn. Sur la muro malantaŭ ili pendas la oranĝkolora flago de la klubo. Kutime novalvenintoj estas kontrolataj de la sekurservo por certigi, ke ili ne estas serĉataj pro krimo, sed mi estas esceptata. La sekurservo ja jam kontrolis mian fonon por la gazetara akreditado.

La juna kuracisto, kiu zorge notas, kiomfoje mi estas vakcinita kontraŭ kovimo, alparolas min ruse, kaj mi scivolas, ĉu do li mem venas el la ruslingva orienta Ukrainio.

– Ne, mi estas lokano, de Lvivo. Sed multaj el la rifuĝintoj preferas paroli ruse kaj ne ukraine.

Kompreneble. Ja unuavice ĝuste loĝantoj de la ruslingvaj regionoj estis devigitaj fuĝi pro la impeto de Vladimir Putin "defendi" la ruslingvanojn en Ukrainio. Sed ĉi tie la lingvo kaŭzas nenian konflikton – la volontuloj parolas jen ukraine, jen ruse, ili povas ŝanĝi lingvon meze de frazo kaj plej ofte respondas en la sama lingvo, en kiu ili estas alparolataj. Alivorte, ili agas kiel oni kutimas en Ukrainio.

Post la rapida kuracista esploro mi subskribas la regulojn de la rifuĝejo. Oni ne rajtas kunporti manĝaĵojn en la dormohalon. Mi promesas aktive partopreni en la laboro de la rifuĝejo, helpi pri la purigado kaj strebi ne ĝeni la homojn ĉirkaŭ mi.

Interŝanĝe kontraŭ mia subskribo mi ricevas littukojn, bantukon kaj kuponon, kontraŭ kiu oni donos al mi en la manĝejo plastan teleron, tason kaj manĝilojn. Tiujn mi mem prizorgu kaj lavu post ĉiu manĝo. Sur mia pojno oni fiksas oranĝkoloran bendon kun la numero de mia kuŝloko. La oranĝa koloro signifas, ke mi rajtas matenmanĝi je la naŭa, lunĉi je 14.20 kaj vespermanĝi je 18.00. La duŝhoroj estas la samaj por ĉiuj, kaj silento regu ekde la 23-a horo.

Nun, meze de la tago, la aliaj litoj en la dormejo estas kovritaj, kaj la plej multaj loĝantoj sin trovas ie aliloke. Kelkaj staras sur la korto ekster la manĝejo kaj atendas falditan picon. Tiujn preparas brita bonfara organizaĵo, kiu parkumis ĉi tie sian bakokamioneton kun du picofornoj. Jam ne pluvas. Muziko kun obtuza ritmobato fluas el la portebla laŭtparolilo de la picokamioneto, kaj la vice starantaj infanoj aspektas atendoplenaj. Du britaj junuloj en rapida takto bakas kaj disdonas picojn, sed la pasinta vizito de la kamioneto estis pli amuza, diras Julija Ŝatoĥina.

– Tiam kun ili estis junulino, kiu transformis la tutan aferon en spektaklon, ŝi dancadis laŭ la muziko dum ŝi bakis la picojn.

Por la rifuĝintoj gravas havi varion en la ĉiutago, precipe por la infanoj, ŝi diras. La plej multaj eble loĝas en la areno nur kelkajn semajnojn, dum ili planas la sekvan paŝon de sia vojaĝo, sed amaseto da homoj restadas ĉi tie de pluraj monatoj.

Julija Ŝatoĥina estas la ĉeforganizanto – sed ankaŭ ŝi mem estas militrifuĝinto. Ŝi estas dungito de la futbala klubo Ŝaĥtar, kiu devis forlasi sian urbon jam en 2014. Nun la hejma ludejo de la klubo estas ĉi tie – jam la duan fojon.

– Kiam la milito komenciĝis en nia regiono en 2014, ni devis evakui ĉiujn teamanojn kaj laborantojn al Lvivo. Tiam ni venis al ĉi tiu areno kaj ludis niajn hejmajn maĉojn ĉi tie.

Ŝaĥtar estas futbala klubo kun longa tradicio, ĝi gajnis la ukrainan ĉampionecon dek tri fojojn. La klubo estis fondita en 1936 en Stalino kiel la futbalklubo de la minejaj laboristoj. La ukraina vorto ŝaĥtar signifas "ministo". En 1961 Stalino malaperis de sur la mapo, kaj la urbo ekhavis la nomon Doneck. Samjare Ŝaĥtar unuafoje gajnis la sovetian pokalon. Ĝin la klubo gajnis pliajn tri fojojn, antaŭ ol Sovetunio en 1991 ĉesis ekzisti. Meze de la 1990-aj jaroj Ŝaĥtar estis transprenita de la oligarko Rinat Aĥmetov, kiu poste konstruigis por la klubo modernegan hejman arenon en Doneck. Dum la Eŭropa ĉampionado en 2012 du el la maĉoj estis luditaj tie, sed ekde 2014 la areno restas neuzata pro la milito, kiun Rusio instigis en Donbaso post la anekso de Krimeo.

Post periodo en Lvivo, Ŝaĥtar movis siajn hejmajn maĉojn reen al orienta Ukrainio, al la dua urbo de la lando, Ĥarkivo. Poste la klubo translokiĝis al la ĉefurbo, Kijivo, sed tie ne eblis resti, kiam Rusio atakis en februaro 2022, diras Julija Ŝatoĥina.

– Tiam la milito reatingis nin kaj oni komencis evakui homojn el Kijivo en diversaj direktoj. Parto de nia teamo veturis al Lvivo, simple por saviĝi. Kiam ni venis ĉi tien, nia unua penso estis, ke eble oni bezonas nian helpon.

Komence de la milito al Lvivo ĉiutage alvenadis miloj da rifuĝantoj el la rekte atakataj partoj de la lando – ankaŭ el la ĉefurbo. Multaj tuj pluveturis al Pollando, sed aliaj ne volis forlasi la landon, aŭ ankoraŭ ne decidis, kion fari. Provizoraj rifuĝejoj estis malfermitaj en sporthaloj, lernejoj kaj bibliotekoj. La futbala areno komence estis nur kunordiga centro, sen loĝeblo.

– Ni de Ŝaĥtar turnis nin al la milita administracio de Lvivo kaj proponis nian helpon. Tiel ni retrovis nin en ĉi tiu areno, kiun ni jam bone konis, kaj kie ni jam spertis labori. Fine de marto ni malfermis la rifuĝejon, por ke tiuj, kiuj ne sciis kien pluiri, povu resti ĉi tie. Ĉiuj, kiuj venadis per la evakuaj trajnoj kaj bezonis helpon ja ĉiukaze estis unue direktataj ĉi tien.

La celo de la rifuĝejo de Ŝaĥtar en la areno estas doni al rifuĝantoj ŝancon trankviliĝi kaj senti sin en sekuro, Julija Ŝatoĥina diras.

– Tial gravas, ke ĉio estu bonorda. Ĉi tie estas multaj homoj, ili venas el la konflikta regiono, ili spertis diversajn tragediojn kaj funebras pro siaj perdoj. Ni helpas al ili malĉagreniĝi kaj donas al ili psikologian helpon. Sed plej gravas, ke ĉi tie ili havas tegmenton super sia kapo kaj ricevas tri varmajn manĝojn ĉiutage. Ĉi tie ili trovas trankvilon kaj komprenas, ke la plej malbonaj aferoj pasis, ili ekhavas la ŝancon plani la estontecon.

Novaĵelsendoj ne estas montrataj sur la televidaj ekranoj de la areno – ĉiu mem decidu, kiom proksime sekvi la militajn okazaĵojn. La sendrata reto en la dormejo estas malfermita al ĉiuj kaj plu nomiĝas Arena Business – antaŭ la milito ĉefe entreprenuloj rezervis la kostajn spektolokojn apud la restoracia etaĝo.

Sed kiom ajn oni emas, ne eblas tute forŝalti la militon. Dum aerataka alarmo la mapo sur la ekrano eklumas ruĝe kaj ĉiuj devas rapidi al la kelo, kie la seĝoj staras en longaj vicoj. Foje la alarmo pasas post kvarona aŭ duona horo, sed kaze de ampleksa rusa atako, kiam malfacilas anticipe scii, kiu parto de Ukrainio estas la tiutaga celo, oni devas pasigi multajn longajn horojn en la kelo.

La 24-jara Anna el Nikopol loĝas kun siaj du infanoj en la etaĝo super la granda dormejo, en loĝio kun vitra muro sur la flanko de la futbalkampo. La luksloĝiojn transprenis familioj kun malgrandaj infanoj. La herbo sur la ludejo lumas verde. Transe de la ludejo la sidlokoj estas kovritaj per enorma flago de Ukrainio – ĝi anstataŭas la publikon, kiam Ŝahtar ludas sur sia hejma areno. La seriaj ludoj plu okazadas, sed surlokaj spektantoj ne estas permesataj dum la milito daŭras. En la ludotagoj eĉ la loĝantoj devas forlasi la arenon, sed tio ne multe gravas, ĉar la maĉoj nun okazas dumtage.

Krome Anna ne interesiĝas pri futbalo. Ŝin plej interesas reveni hejmen al Nikopol. Atendante tion, ŝi esperas, ke ŝi, ŝia edzo kaj la du infanoj povos ricevi provizoran loĝejon en la portempa vilaĝo, konstruita el konteneroj duonvoje inter la areno kaj la urbomezo. Ŝia edzo jam trovis laboron ĉe grandvendisto de viando en Lvivo, laboron similan al tiu, kiun li havis hejme en Nikopol. Sed tute bone iĝos nur, kiam la rusoj ĉesos pafi kontraŭ ŝia hejmurbo kaj iros al siaj propraj hejmoj, ŝi diras.

– Ja eblas eliri kaj promeni ĉi tie por ekhavi iom da distanco al la problemoj, al la milito. Sed mi volas promeni hejme en Nikopol. Tuj antaŭ ol ni fuĝis, mi promenis tie kun mia edzo. Tiam oni jam komencis pafi kontraŭ Nikopol per raketa artilerio. La infanoj estis hejme kun la avino. Kio okazos al la infanoj, se ni estos trafitaj, mi pensis, kiel ili elturniĝos sen mi? Mi ekpanikis. Kelkajn tagojn poste ni forveturis, ni ne plu eltenis.

Je 18.00 estas la tempo de la vespermanĝo por ĉiuj kun oranĝkoloraj brakbendoj. Malantaŭ la disdontablo staras **Oksana** el Mariupol.

Ŝi jam proksimas al pensia aĝo kaj laboris grandan parton de sia vivo en eta kafejo.

– Unue mi laboris en infanvartejo, sed mi ŝanĝis al kafejo, ĉar la horaro estis pli bona, mi ekhavis pli da liberaj tagoj, ŝi rakontas. Nun ŝi laboras kiel volontulo en la manĝejo de la rifuĝejo laŭ la sama horaro: du labortagoj, du liberaj tagoj. Ŝi loĝas ĉi tie de tri monatoj, sed esperas baldaŭ pluveturi kun sia plenkreska filo, kiu bezonas konstantan prizorgon pro aŭta akcidento okazinta antaŭ kelkaj jaroj. Pro la filo ŝi malfacile povis fuĝi el Mariupol, kvankam la urbo estis bombardata ĝis plena disfalo. Krome ŝi ne volis forlasi siajn aĝajn gepatrojn.

– La 24-an de februaro ni vekiĝis frumatene, ĉar la muroj skuiĝis en la tuta urbo. Nia urboparto estis rekte tuŝita nur iom pli malfrue printempe, tiam ili pafis ĉien, kien ili atingis.

Unue venis militistoj de la separisma respubliko DNR, rakontas Oksana. DNR kaj LNR, la "popolaj respublikoj" Doneck kaj Luhansk, estis kreitaj en orienta Ukrainio de separistoj subtenataj de Rusio en printempo 2014. Laŭ ukraina leĝo ili estas teroristaj organizaĵoj. La respublikojn rekonis nur Rusio, kiu poste dum 2022 aneksis ilin.

– Kiam ili aperis en nia urboparto, ni ne povis eliri el la kelo dum du tagnoktoj. Ĉiuj estis devigitaj iri en la kelojn. Ni ne rajtis elveni por preni akvon, ne por hejti manĝaĵojn, ne por io ajn. Kaj antaŭ niaj okuloj ili dum du tagoj pafis kontraŭ la najbara domo. La domo brulis dum du tagoj, homoj brulis tie vivaj.

Kiam la separistoj finkonkeris la urboparton, ili komencis ĉirkaŭiri en la domoj kaj serĉi homojn, kiujn ili malŝatas, ŝi rakontas. Ŝi mem devis krom la filo prizorgi ankaŭ sian patron, kiu estis vundita, kiam li eliris en la ĝardenon por fari manĝon sur malferma fajro.

– Mi loĝas proksime al miaj gepatroj, sep minutojn piede. Mi loĝas en apartamento, ili en propra domo. Kiam mi rigardis tra mia fenestro, mi vidis, ke proksime al ili okazas multaj eksplodoj. Mi kuris tien kaj ekvidis, ke grenadero trafis la dorson de mia patro.

Estis neniu ŝanco ricevi kuracistan helpon. La longa vundo be-
zonus suturadon, Oksana diras.

– Sed tion mi ja ne povis fari mem. Mi kuntiris la vundon, tenis
per unu mano kaj purigis per la alia. Poste mi sukcesis fiksi ĝin
per glubendo. Sed estis malfacile fari tion kun homo, kiu pezas
nur kvindek kilogramojn. Miaj gepatroj terure magriĝis, kaj ili ja
estas pli ol okdekjaraj. Ankaŭ mia filo perdis multe da pezo. Ni
manĝis nur fagopiron, ĝi estis la sola afero kiu restis en nia stoko.
Oksana komence ne volis eĉ provi forlasi la urbon antaŭ ol ŝi
certis, ke ŝia patro elturniĝos, ke lia vundo bone saniĝis. Ŝi pasigis
tri monatojn en Mariupol sen elektro, akvo kaj gaso. Foje estis dek
kvin frostogradoj.

– Ni preparis manĝon surstrate, ni klopodis trovi brullignon.
Dankon, knaboj, pro tio ke vi pafas, ni diris, ĉar tiam almenaŭ
falas kelkaj branĉoj sur la straton. En la frosto ne facilas malfiksi
ilin per segilo kaj hakilo, sed kiam pasas grenado, branĉoj flugas
kaj arboj falas surteren. Tiam almenaŭ pli facilas dissegi ilin. Jen
pri kio ni okupiĝis.

Akvon oni devis prefere iri preni antaŭ la sesa horo matene,
antaŭ ol la pafado akceliĝis, Oksana diras.

– Post la sesa ili komencis per aviadaj bomboj kaj grenadoj.
Ankaŭ la kaŝpafistoj diligentis. Ne ĉiuj, kiuj iris preni akvon,
revenis, kelkaj restis kuŝi tie.

La filino de Oksana kun sia infano sukcesis forveturi el Mariu-
pol en frua fazo, kaj ili atingis Germanion. La vojaĝo tien daŭris
tri semajnojn. Oksana mem forveturis kun sia filo nur en la ko-
menco de junio. Tiam ŝi fine trovis kuraciston, kiu povis esplori
ŝian patron. La novaj kuracistoj venis el Doneck, kiu estis sub rusa
rego ekde 2014.

– En la kliniko estis tri aŭ kvar kuracistoj, por la tuta urbo. Li
rigardis la vundon, la cikatro estis en ordo, ne estis inflamo. Mi
faris ĉion bone.

La malplej danĝera maniero forveturi el la disbombita urbo
estus akcepti evakuadon al Rusio, kaj tion multaj ja faris. Sed
Oksana sukcesis helpe de volontuloj veni al teritorio sub la rego
de Ukrainio.

– Ni vidis buseton kun slipo, sur kiu estis skribite, ke ili portas homojn al Berdjansk, ni aliris la buseton kaj parolis kun ili. Ili konis la vojojn kaj elveturis el la urbo preter la kontrolpunktoj, laŭ iuj flankaj vojoj. Ni senprobleme atingis Berdjansk. De tie al Zaporîjo estis multaj kontrolpunktoj, unue de rusoj, poste ukrainaj. Zaporîjo situas en centra Ukrainio, kelkdek kilometrojn de la fronto. De tie Oksana kaj ŝia filo pluveturis al Lviv por provi ĉi tie aranĝi vojaĝdokumentojn. Nun ŝi do staras en la manĝejo kaj disdonas manĝon al ĉiuj kun oranĝkolora brakbendo. La hodiaŭa plado estas porkaĵo kun terpomoj kaj salato. Kiel deserton oni ricevas ĉokoladajn biskvitojn kun kafo aŭ teo.

Oksana volas reveturi al Mariupol, sed nur post kiam Ukrainio reprenos la urbon, ŝi diras. Ŝiaj gepatroj restas tie kaj klopodas ripari sian domon.

– Mia patro telefonas unu-dufoje semajne per Telegram. Foje ni sukcesas paroli dek minutojn, foje du. Poste la kontakto rompiĝas. En mia domo unu tuta ŝtuparejo disfalis de la kvara etaĝo suben. Alia ŝtuparejo estas komplete detruita. En mia apartamento ĉio estas forbombita, eĉ ne restas la internaj muroj. La solaj aferoj, kiuj restas el miaj posedaĵoj tie, estas malnova sofo kaj la necesseĝo.

El la disbombita Mariupol sukcesis veni al Lvivo ankaŭ Eduard. Li estas 44-jara kaj delonge dungita de la futbalklubo Ŝaĥtar. Nun li laboras en la rifuĝejo, pli frue li respondecis pri sporta projekto en Mariupol. Post tri semajnoj da bombado la familio sukcesis elveturi el la ĉirkaŭita urbo. Lia edzino kaj kvinjara filino nun estas en sekuro en Kroatio.

– Estas nekredeble, ke ni sukcesis veni ĉi tien. Ni loĝis je kvindek metroj de la teatro, kiu estis disbombita, sed ni forveturis la tagon antaŭ ol tio okazis. Antaŭ tio ni sidis en la kelo tri semajnojn.

Kiam la milito komenciĝis, Eduard unue pensis, ke eble ne estos tre danĝere.

– Konato telefonis kaj vekis nin, li diris, ke la milito komenciĝis, ke ni ekfuĝu tuj, la tuta familio. Sed mi ne tre timis, mi kutimas pri la milito jam de la tempo kiam ni loĝis en Doneck. Kaj kien ni veturu, mi pensis, ni ja aĉetis apartamenton en Mariupol. Ni havis elektron, ni spektis televidon kaj tie oni montris raketojn, kiuj faladis en Kijivo. "Ĉu ni ne restu ĉi tie, ili ja pafas ĉie", mi diris al mia edzino.

La urbestro de Mariupol anoncis, ke ĉio estas sub kontrolo, mankas ajna kialo por paniko, la defendo fortas. Sed poste montriĝis, ke jam tiam la urbestro fuĝis, kaj post tri tagoj la urbo estis ĉirkaŭita.

– La sekvan tagon malaperis la elektro. Mi precize havis tempon doni sangon en la hospitalo, multaj iris tien por helpi al niaj militistoj. Poste malaperis interreto kaj telefona ligo. La hejtado ĉesis funkcii, iĝis malvarme. Post kelkaj tagoj malaperis ankaŭ la gaso. Mi provis helpi volontule, sed baldaŭ iĝis maleble fari ion ajn, kaj ni translokiĝis suben, en la ŝirmejon.

Eduard montras en sia telefono fotojn de la kelo. Estas malhele, la sola lumo venas de malgranda bateria lampo sur la muro. Sur ŝnuro proksime al la plafono pendas sekiĝantaj infanaj vestaĵoj. En la fono svage videblas homoj, kiuj sidas sur la planko. Ĉiuj surhavas vintrajn vestaĵojn.

Post tri semajnoj aperis ŝanco forlasi Mariupol, kiam oni deklaris tiel nomatan "verdan koridoron" por evakuado.

– Antaŭ tio ni jam provis dufoje, sen sukceso. Ni pakis ĉion en la aŭton, sed la unuan tagon kiam ili anoncis la koridoron, ni ne veturis, ĉar mi vidis, kiel okazas pri tiaj koridoroj dum bataloj daŭras. Oni ne veturu en la unua tago, ĉar tiam oni pafas. Kaj oni ja pafis kontraŭ tiuj, kiuj veturis la unuan tagon.

La duan tagon eĉ ne klaris, ĉu estas koridoro, sed Eduard trovis volontulon, kiu ĵus venis el la najbara urbo Berdjansk.

– Kolektiĝis kolono, kaj ni veturis post li. Ni trapasis dek unu rusajn kontrolpunktojn, antaŭ ol ni atingis registaran teritorion. Ni estis ses en la aŭto, ĉar ni kunprenis alian paron kun malgranda infano. Eble pro la infanoj oni ne starigis tre multajn demandojn al ni.

Unu fojon tamen katastrofo proksimis.

– Mi perdis la paciencon ĉe kontrolpunkto en Berdjansk. Soldato diris, ke mi fermu la fenestron de la aŭto, por ke ne estu malvarme al la infanoj. Mi estis iom nestabila post ĉio, kion ni trapasis, kaj mi komencis krii al la soldato, ke ni malsatis kaj frostis monaton en malvarma ŝirmejo, ne povante lavi nin. Kion vi faras, vi estas ja pli aĉaj ol faŝistoj!

La edzino de Eduard kredis, ke li estos tuj mortpafita.

– Oni devigis min eliri el la aŭto, ili prenis min flanken kaj ĉirkaŭis min. Poste venis alia ulo kiu diris, ke mi trankvilu, ke ili estas mobilizitaj knaboj kiuj nur plenumas siajn ordonojn. Bone, mi diris, plenumu viajn ordonojn. Kaj ili lasis min iri. Sed amikon mian, kiu veturis sen familio, lin oni pikadis per tranĉiloj antaŭ ol lasi lin iri.

Sur la ukraina flanko la etoso estis malpli prema.

– Tie la kontrolo daŭris nur kvin minutojn. La ukrainaj knaboj estis bonegaj. Ili fotis la pasportojn, demandis ĉu ni havas konatojn en Rusio kaj ĉu ni tiukaze kontaktas kun ili. Kompreneble ni havas konatojn, mi diris, sed vi ja komprenas, nun estas milito. Kiam mi diris, ke ni tre volas atingi la urbon kaj la hotelon antaŭ la elirmalpermeso, ili diris, ke ni tuj veturu. Kaj se iu nin haltigus, ni diru, ke ni ĵus venis el Mariupol. Sed tion ĉiuj ja rimarkos ĉiuokaze, mi diris, ni ja estis tute grizaj pro malpuro kaj stinkis.

La futbalklubo Ŝaĥtar rezervis por la familio de Eduard ĉambron en luksa hotelo ĉe la ĉefstrato de Zaporiĵo. Lia unua demando en la akceptejo estis: "Ĉu vi havas panon?"

– Ili diris, ke ili havas panon, kaj multon alian. Sed unue ni supreniris al la ĉambro kaj lavis nin. Meze de la nokto oni preparis por ni vespermanĝon, kvankam la restoracio devus jam fermiĝi. Ni sidiĝis, manĝis barĉon kaj eĉ trinkis bieron, kvankam tiam alkoholo ankoraŭ estis malpermesita. Estis tiel nekredeble bonguste, kaj ni sentis nin tiel feliĉaj, kiam ni kuŝiĝis en la lito por dormi. Je la kvina horo matene nin vekis trafo de Iskander-misilo apud la stacidomo.

El Zaporiĵo la familio unue veturis al Truskavec, sudokcidente de Lvivo, kie loĝas la frato de Eduard. Poste li sendis la filinon kaj la edzinon al Kroatio kaj eklaboris en la rifuĝejo en Arena Lviv.

– Ili restas en Kroatio. Ili intencis reveni, sed mi diris, ke ili restu en sekuro. Mi esperas, ke ĉio ĉi baldaŭ ordiĝos en unu maniero aŭ alia, sed mi ne volas, ke ili estu mortigitaj en nuklea eksplodo. Sufiĉas, ke tio okazu al mi. Mi ne timas, mi ne intencas fuĝi, kaj se ni malgajnos la militon, ni ĉiuj estos mortaj. Sed la familio devas pluvivi. Se iĝos bone, ili revenos, kaj ni rekonstruos la landon.

Vesperiĝas, kaj la skipo de Eduard baldaŭ iros hejmen. La loĝantoj kiuj estis ekstere komencas reveni. En unu fino de la dormohalo ĝojaj infanetoj kuras tien kaj reen, tenante kusenojn en la brakoj. Iliaj kamaradoj pafas per miniaturaj arkpafiloj kontraŭ malgranda plasta keglo sur la planko. Kiam iu trafas, aŭdiĝas aplaŭdoj. En la ŝtupareja ĉambro ekster la necesejoj adoleskantoj sidiĝis en rondo surplanke por kartludi. En la dormejo aŭdiĝas mallaŭta murmurado en la rusa pri la lastaj militaj novaĵoj. Nejuna viro demandas du najbarinojn, ĉu iu el ili havas uzon por blua jako, kiun li ĵus ricevis.

– Ĝi estas bona, sed tro malgranda por mi.

Alia viro ekstaras apud elektra kontaktingo por ŝargi sian poŝtelefonon, kaj samtempe aŭskultas ruslingvan novaĵelsendon pri tio, kion diris la UN-ambasadoro de Rusio. En la sekva tago oni atendas anoncon de Putin, laŭ kiu kvar ukrainaj regionoj ne plu apartenas al Ukrainio, sed iĝas parto de Rusio.

Sur la balkono je unu etaĝo pli supre kelkaj loĝantoj trovis trankvilajn angulojn, kie ili povas telefonbabili, legi kaj skribi. Krepuskas, la plafonaj lampoj lumas malforte, sed jen kaj jen estas insuletoj de lumo ĉirkaŭ legolampoj. Ĉe apudmura tableto sidas patro kun proksimume dekjara filo, profundiĝinte en longan diskuton. Ŝajnas temi pri lerneja tasko.

Multaj ĉirkaŭiras en komfortaj sportaj vestaĵoj, precize kiel oni kutimas en noktaj trajnoj en Ukrainio. La etoso similas al dormovagono, kiu ĵus ekmoviĝis: morgaŭ ni espereble trovos nin aliloke, sed ni devas nun dividi ĉi tiun spacon kaj laŭeble bone adaptiĝi al la situacio. Nokta trajno tamen havas horaron kaj difinitan finhaltejon. Ĉi tiu veturilo survojas al nova futuro, kiun neniu ankoraŭ konas.

Je la dekunua vespere la lampolumo iĝas eĉ pli malforta, estas tempo dormi. Daŭras momenton antaŭ ol ĉiuj infanoj trankviliĝas, sed post dek minutoj la silento estas preskaŭ plena. Iu jam ronkas, iu alia mallonge tusetas. Estas trankvilige dormi en la sama halo kun cent aliaj, kiuj spiras trankvile kaj zorgas ne ĝeni la aliajn. La dejorantaj volontuloj de Ŝaĥtar certigas, ke nenio malbona okazos al ni. La litotukoj estas novlavitaj. Malfacilas ne fermi la okulojn. Meze de la nokto krietas viro. Estas surda, dampita sono, ne eblas distingi la vortojn. Koŝmaro. Sed baldaŭ la sileto revenas. Li denove dormas same trankvile kiel cent aliaj ukrainoj ĉirkaŭ li. Eble ili sonĝas pri pli bonaj tempoj.

La praeksplodo

1986

La startpafo de la disfalo de Sovetio aŭdiĝis en la nokto al la 26-a de aprilo 1986. Inter la unuaj atestantoj estis kelkaj fiŝkaptistoj, kiuj kaŝe aliris la fridigan basenon de la Ĉernobila nuklea centralo. Kiam krepuskis, ili eniris la malpermesitan teritorion. Je 01.23 nokte ili aŭdis eksplodon. La ducenttuna kovrilo de la 4-a reaktoro ekflugis en la aeron, kiam la tuto de la fridiga akvo subite vaporiĝis. Post du sekundoj aŭdiĝis multe pli forta bruego, kiam la tuta reaktoro eksplodis. Gapa truego malfermis sin en la tegmento de la konstruaĵo, kaj la flamoj de la incendio lumigis la akvosurfacon de la baseno. La fiŝistoj, kiuj troviĝis je distanco de eble ducent metroj de la plej terura nuklea akcidento en la mondo, plu fiŝkaptis. Ili simple ne komprenis, kio ĵus okazis.

La katastrofo en la nuklea centralo multmaniere signalis la finon de Sovetio, sed ne nur la fiŝistoj en la baseno malfacile kaptis la tutan signifon de la okazaĵo. La nukleaj inĝenieroj – kiuj kaŭzis la akcidenton per senzorga realigo de eksperimento pri la sekursistemo de la funde nestabila reaktora strukturo – ne povis kredi, ke la reaktoro vere eksplodis. Eble estis tertremo? La sistemo ja estas sekura, ili pensis.

En la sama maniero ne multaj vidis, ke la sovetia ŝtata strukturo estas disfalanta – eĉ se la eraroj de la konstruaĵo estis evidentaj. La lasta estro de Sovetio, Miĥail Gorbaĉov, ekhavis la potencon en marto 1985, post kiam liaj tri aĝaj antaŭuloj unu post la alia en rapida sinsekvo estis sepultitaj en la Kremla muro. Li opiniis, ke por solvi la problemojn de la lando necesas simple akceli. La centra slogano de la partia kongreso en februaro 1986 estis "uskorenije", kiu signifis ĝuste tion: rapidigo. La direkto de la evoluo ŝajne laŭ li ne bezonis ĝustigon.

Nur post la katastrofo en Ĉernobilo Gorbaĉov komencis serioze paroli pri "perestrojka" kaj "glasnost". Perestrojko signifis, ke eble tamen estis iuj aferoj en la konstruo de la sovetia socio, kiujn necesas ŝanĝi. Glasnosto signifis, ke oni eble permesu diskuton pri eventualaj problemoj en la socio. Sed kiam la reaktoro en Ĉernobilo eksplodis, ankoraŭ neniu aŭdis pri glasnosto. Ĉio pri la akcidento devis esti laŭeble sekretigita. Daŭris plurajn tagojn, antaŭ ol la akcidento entute estis menciita en la sovetiaj novaĵelsendoj, kaj tio okazis nur post kiam la radioaktiva ellasaĵo jam estis malkovrita en Svedio. Eĉ la loĝantoj en la urbo Pripjat, kie situis la nuklea centralo, eksciis pri la akcidento nur post unu kaj duona diurno – kiam oni anoncis, ke "provizora" evakuado komenciĝos post horo. Oni donis neniujn avertojn pri danĝeraj niveloj de radiado. Dum la semajnfino multaj loĝantoj de la urbo ĝuis la belan printempan veteron ekstere, ĝis oni subite ordonis ilin al busoj, por neniam reveni.

Pli ol mil busoj en longaj kolonoj estis plenigitaj de familioj kun rapide pakitaj plej necesaj aĵoj. Oni instrukciis ilin kunpreni manĝaĵojn kaj vestaĵojn por kelkaj tagoj. La unuan informon pri la evakuado oni voĉlegis en la loka radio tuj post la 13-a horo la 27-an de aprilo. Tiam oni anoncis, ke la evakuado komenciĝos je la 14-a horo.

La sekvan tagon la sekurservo raportis, ke 44 460 personoj estis evakuitaj el la regiono plej proksima al la eksplodinta nuklea centralo. En la sama vespero en la vesperaj novaĵoj de la sovetia televido oni sendis la unuan, 17 sekundojn longan novaĵtelegramon pri la akcidento. La telegramo de la novaĵagentejo TASS estis konciza:

"Okazis akcidento en la nuklea centralo de Ĉernobilo, unu el la nukleaj reaktoroj estas difektita. Oni entreprenas paŝojn por likvidi la sekvojn de la akcidento. Suferintoj ricevas helpon. Estis starigita komisiono sur registara nivelo."

La evakuado ne estis menciita, neniuj bildoj montritaj. Anstataŭ averti pri la riskoj, oni faris ĉion por sekretigi la informojn pri la radioaktiva poluo.

En Kijivo la granda unuamaja parado okazis laŭplane, kvankam tio elmetis la partoprenantojn al granda risko. Samtempe la ekspertoj diskutis pliajn evakuadojn. Oni fine decidis, ke ĉiuj, kiuj loĝas je distanco de malpli ol 30 kilometroj de la paneinta centralo, estu movitaj. Tio inkluzivis la loĝantojn de la urbo Ĉernobilo mem (ukraine Ĉornobil), 15 kilometrojn sude de la nuklea centralo, kaj proksimume okdek malgrandajn vilaĝojn – sume pli ol 40 000 aldonajn personojn.

Unu el ili estis Petro, kiu tiam estis juna instruisto en la vilaĝo Opaĉiĉi kun proksimume 700 loĝantoj.

Nun li kaj lia edzino Halina loĝas en la vilaĝo Lebedivka, tridek kilometrojn norde de Kijivo, sur la orienta flanko de la granda akvorezervejo nomata Kijiva maro. Post la akcidento en la vilaĝo estis konstruitaj dometoj por Ĉernobilaj rifuĝintoj.

En februaro 2022 ili denove vidis la danĝeron proksimiĝi el la direkto de Ĉernobilo. Unue estis aroj de rusiaj atak-helikopteroj, kiuj flugis malalte super la tegmentoj de la domoj por ataki la ĉefurbon. Poste flamoj de brulantaj vilaĝoj transe de la Kijiva maro. La vilaĝojn detruis la rusiaj trupoj, kiuj klopodis ataki la nordan randon de Kijivo.

Komence de oktobro 2022 la rusiaj trupoj jam delonge estas forpelitaj el la Kijiva provinco, kaj ankoraŭ ne komenciĝis la aŭtunaj rusaj terorbombadoj de civila infrastrukturo. La situacio en Kijivo estas tiel normala, kiel ĝi povas esti en la ĉefurbo de lando kiun atakas nuklea potenco. La metroo veturas kiel kutime, kaj en la vagonoj multas homoj, kvankam estas frua sabata mateno. La norda finstacio de la blua linio nomiĝas "Herooj de Dnepro". Kiam oni decidis pri la nomo en 1976, ĝi celis la sovetiajn heroojn de la dua mondmilito – nun ĝi povus same bone celi la ukrainajn heroojn, kiuj en la fino de februaro 2022 haltigis la rusan atakon, nur kvin kilometrojn norde de la finstacio. Daŭre restas maskitaj defendpozicioj ĉirkaŭ ĝi, pretaj por uzo kaze de bezono.

La buso al Lebedivka veturadas de la haltejo plej distanca de la metrostacio, ĉe la superbazaro ATB. La butiko estis fermita dum kelkaj monatoj, kiam la situacio estis plej kriza, kaj apenaŭ veturis busoj, sed ĝi nun denove funkcias kaj la bretoj plenas. Multaj aŭtobusaj pasaĝeroj aĉetumas ĉi tie, la prezoj malpli altas ol en la vilaĝoj.

"Kiu estas la lasta por Lebedivka?" estas la demando, kiun oni faru al la atendantoj ĉe la bushaltejo. La virino, kiu estas la lasta en la vico, anoncas sin. Poste ŝi demandas, ĉu mi povas gardi ŝiajn sakojn dum ŝi flankeniras por prizorgi taskon. Certe, mi diras. Komencas iĝi komplike, kiam ankaŭ la viro, kiu venas post mi, kaj la virino, kiu venas post li, same petas min gardi iliajn lokojn en la vico. Nun estas mia respondeco memori kaj klarigi, kiuj staras en la nevidebla vico, por ke ĉiuj povu eniri la buson en la ĝusta ordo. Sed restas lokoj en la buso eĉ post kiam ĉiuj eniris, do ne estas problemo.

Kiam la buso atingas la aŭtovojon post turniĝoj preter malordaj kortoj kun forlasitaĵoj, ĝi preterveturas luksan, novkonstruitan aron de vilaoj kun la nomo "Itala vilaĝo". Poste ni preterpasas la grandan teritorion de la infana malsanulejo. Tuj ekster la urbolimo de Kijivo situas la antaŭurbo Viŝhorod, kie troviĝas la hidroelektra centralo de Kijivo. La buso veturas laŭ la digo, strategia celo por la atakanto. La digo evidente estas zorge defendata, sed dum milito estas pli bone nenion plian skribi pri tio. Ankaŭ la malamiko scias legi.

La vilaĝo Lebedivka situas je pendola distanco de Kijivo – speciale, se oni posedas aŭton, kiel la loĝantoj de la luksaj vilaoj, dum la lastaj jaroj kreskintaj rande de la vilaĝo. Petro kaj Halina ne apartenas al la luksuloj, ili estis instruistoj en la vilaĝa lernejo. Petro jam estas emerito, Halina plu laboras. Lastatempe estis multe da malĉeesta instruado, unue pro la pandemio, nun pro la milito, ŝi rakontas. Ĉeesta instruado ne estas permesata, se en la lernejo mankas aprobita ŝirmejo. Krome la gepatroj ofte ne volas lasi siajn infanojn iri al la lernejo, ili sentas sin pli sekuraj, se la infanoj restas hejme.

La bone prizorgita domo, en kiu loĝas Petro kaj Halina, estas unu el entute 75 samtipaj konstruaĵoj, starigitaj ĉi tie por la Ĉernobilaj evakuitoj. Sed ja ne iĝis tiel, ke oni donis ĉiujn domojn al la evakuitoj, multaj venis de flanke, Petro rakontas, dum li fajrigas branĉojn de malnova ĉerizarbo en la kradrostilo. La legomoj estas el la propra ĝardeno, nur la kokidaĵo estas aĉetita.

– Iam ni havis ĉi tie ankaŭ dombestojn, porkojn kaj kokinojn. Sed poste tio iĝis neprofita.

Kiam la katastrofo okazis, Petro estis juna instruisto kaj de du jaroj laboris en la vilaĝa lernejo en Opaĉiĉi, tuj sude de la urbo Ĉernobilo, 25 kilometrojn sude de la nuklea centralo.

– Mi havis loĝejon, kiu apartenis al la lernejo. Praktike mi loĝis en la lernejo. Por tiu tempo ĝi estis tute bona loĝejo. Fluanta akvo kaj kloako kompreneble mankis.

La lernejo estis ukrainlingva – la ruslingvaj lernejoj troviĝis ĉefe en Kijivo kaj aliaj grandaj urboj, kaj en orienta Ukrainio.

– En la Kijiva provinco la lernejoj ĝenerale estis ukrainlingvaj ankaŭ en la sovetia tempo. En la vilaĝoj oni parolis ukraine, en Opaĉiĉi eble iom dialekte, influite de la belorusa lingvo.

Petro kaj Halina estis kunigitaj de la akcidento. Ŝi ĵus finis siajn studojn, ekzameniĝis kiel instruisto de la ukraina lingvo, kaj laŭ la sovetia maniero oni asignis al ŝi postenon. Ŝi havis bonŝancon kaj ricevis la asignon en sia hejma regiono apud Makariv, kvindek kilometrojn okcidente de Kijivo. Nemalofte junaj novekzamenitoj estis senditaj al distancaj lokoj kie mankis laborforto.

– Mi trafis vilaĝon sep kilometrojn de mia hejma vilaĝo, kaj tien oni evakuis loĝantojn de Opaĉiĉi, ŝi rakontas.

Daŭris antaŭ ol ŝi entute eksciis, ke okazis akcidento.

– Ni sciis nenion. Ni estis studentoj, estis aprilo, kaj ni ankoraŭ ne faris la finan ekzamenon. Mi memoras, ke ni troviĝis en la urbo kaj promenis vespere la unuan aŭ duan de majo. Estis jam la dekunua horo, sed ni vidis, ke staras longa vico ekster la fervojaj kasoj en la bulvardo Ŝevĉenko. Ni ne povis kompreni, kial tiom da homoj volas aĉeti fervojbiletojn. Nur poste oni komencis paroli pri la akcidento, sed neniu sintenis al tio aparte serioze.

Kiam Halina vizitis sian hejmvilaĝon dum semajnfino, ŝi tamen rimarkis, ke okazas io eksterordinara.

– Kiam ni revenis al Kijivo, oni haltigis la buson. Oni lavis la radojn. Ĉiuj devis trairi kontrolon, kie ni viŝis la ŝuojn. Ni tre miris, pri kio ili okupiĝas, kaj ne komprenis, kial.

En Opaĉiĉi oni planis sportan konkurson por la infanoj la tagon post la akcidento, kaj ĝi okazis laŭplane, Petro rakontas.

– Estis terena konkurso, la infanoj kuris en la kampoj kaj en la arbaro, neniu diris al ni ke okazis io aŭ ke ni devus nuligi la konkurson. Oni simple ne serioze sintenis al tio. Kvankam multaj vilaĝanoj laboris en la fajrobrigado, kaj jam komencis cirkuli ĉiaspecaj famoj, pri miloj da mortintoj…

Ordinare en la malgranda vilaĝa butiko ne estis multo por aĉeti, kaj okazis, ke Petro veturis al la nuklea urbo Pripjat por butikumi. Tie, en la moderna superbazaro, la elekto estis same bona kiel en la ĉefurbo – la laboristoj de la nuklea industrio havis altan prioritaton en la sovetia hierarkio de distribuado. Oni povis aĉeti viandon, kolbason, fromaĝon kaj buteron en ilia butiko. Sed tuj post la akcidento tute neatendite luksaj varoj aperis ankaŭ en la vilaĝa butiko, Petro memoras.

– Oni liveris al la butiko kolbason kaj ruĝan vinon. Ĉiuj aĉetis. Antaŭe ne okazis tiel grandaj liveroj. Tio estis simple por iom trankviligi la homojn. Kaj poste oni komencis aserti, ke ruĝa vino helpas kontraŭ la radiado. Sed tio simple estis, kion homoj diris, oficiale oni anoncis nenion. Oni donis al ni neniajn avertojn, ke ni devus fermi la fenestrojn aŭ ion ajn. Neniu parolis pri io tia.

Dum la unuaj tagoj militaj helikopteroj faligis tunojn da sablo sur la paneintan reaktoron. Parton de la sablo oni elfosis en Opaĉiĉi, Petro rakontas.

– Ĉiuj junuloj de la vilaĝo helpis fosi, ankaŭ mi estis tie. Ni ĉefe opiniis tion interesa vario en la vivo. Venis grandaj kamionoj, ni ĵetis la sablon en ilin. Mankis ŝovelmaŝinoj, kaj la helikopterojn ni neniam vidis.

La evakuado de Opaĉiĉi komenciĝis la 3-an de majo, semajnon post la akcidento. Tiam multaj jam vidis la busojn kiuj veturis el

Pripjat, eĉ se tiu vojo situis je dekkilometra distanco de la vilaĝo.
– Estis soveta tempo, ne estis loko por ajnaj vidpunktoj. Oni diris kion homoj faru, kaj homoj faris tion. Ĉiuj kunveturis. Krome oni diris, ke tio estas provizora, ke ni baldaŭ revenos. Oni movis nin al vilaĝo en la distrikto de Makariv kaj loĝigis nin ĉe lokanoj, dum oni konstruos novajn loĝejojn. Nia rektoro ekloĝis ĉe la loka rektoro, mi kiel lingvoinstruisto ekloĝis ĉe la lingvoinstruisto, kaj same la kolĥozanoj ekloĝis ĉe lokaj kolĥozanoj.

Kvankam la evakuado post la ĉernobila akcidento okazis en granda urĝo, ĝi estis pli orda ol la evakuado de regionoj trafitaj de la milito en 2022, Petro diras – tiam la ŝtato aranĝis loĝejojn por ĉiuj, kiuj devis forlasi siajn hejmojn, nun oni ricevas nur negrandan monsubvencion. Sed ja ankaŭ la situacio tiam estis tute alia, li aldonas.

– Sovetio havis enormajn rimedojn, ne estis milito, kaj oni ne bezonis meti ĉiujn fortojn por defendi la landon, kiel Ukrainio nun devas fari.

Krome evidente pli facilis loĝigi centmilon da homoj, ol plurajn milionojn, kiuj nun pro la milito subite devas trovi rifuĝon.

Sed la evakuo post la ĉernobila akcidento evidente ne iĝis provizora. Maleblis reiri. Nur unu fojon Petro revizitis la vilaĝon, kiun li urĝe forlasis.

– Mi estis tie la postan jaron, kune kun la lernejestro, ni faris inventariadon de la lernejaj posedaĵoj. Ĉio ĉirkaŭe sovaĝe kreskis, kaj la lernejon uzis kiel loĝejon militistoj okupiĝantaj pri sarkado de la teritorio.

La tuta vilaĝanaro estis movita al la distrikto de Makariv, kie iom post iom estis konstruitaj novaj loĝejoj por ĉiuj. La konstruado progresis rapide, kaj sekve la kvalito ne ĉiam estis kontentiga. Laŭ peto de la vilaĝanoj la loko ekhavis la nomon Nova Opaĉiĉi.

Dum daŭris la konstruado de nova ejo, la lernejo lokiĝis en malnova biendomego, konstruita en la cara tempo. Tie Petro kaj Halina renkontiĝis – ŝi estis la sola nova instruisto.

La sekvan jaron ili geedziĝis, sed mankis komuna loĝejo por ili en la vilaĝo. La vilaĝa konsilantaro havis liston de aliaj lokoj, kie estis konstruitaj loĝejoj por evakuitoj. En Lebedivka norde de Kijivo haveblis kaj loĝejo kaj laboro.

Tiam restis ankoraŭ kvar jaroj ĝis la disfalo de Sovetio kaj la sendependiĝo de Ukrainio, sed post la Ĉernobila akcidento multo ŝanĝiĝis, diras Petro.

– La socio iĝis iom pli malferma, oni komencis ricevi iom pli da informoj. Estis ankaŭ la tempo de la perestrojko de Gorbaĉov, Sovetio komencis ŝanĝiĝi. Eble Ĉernobilo eĉ estis ia katalizilo por la disfalo de Sovetio.

En Lvivo en okcidenta Ukrainio daŭris eĉ pli longe, antaŭ ol oni ĝenerale eksciis, kio okazis en Ĉernobilo.

Nun Olena Holiŝeva estas ĉefo de la informburoo por rifuĝ-intoj en Lvivo, sed en printempo 1986 ŝi estis studento de la Lviva universitato. La aŭtuna tago varmas, kaj ni sidiĝas en kafeja teraso en la mezepoka centro de Lvivo, tuj apud la malnova dominikana preĝejo. Dum la soveta tempo la preĝejo iĝis muzeo de la historio de religio kaj ateismo. Nun la konstruaĵo apartenas al la ukraina grek-katolika eklezio, kiu dum la soveta tempo estis komplete malpermesita kaj povis funkcii nur sekrete.

Estas multe da spaco sur la teraso – dum daŭras akuta fazo de milito neniuj eksterlandaj turistoj venas ĉi tien. Sed ĝuste nun la milito ŝajnas ne tre akuta kaj tre distanca, okcidentan Ukrainion oni dum longa tempo ne bombis.

Olena memoras, ke al ŝi post la Ĉernobila akcidento oni regule ordonis lavi la plankon en la universitato kie ŝi studis. Eble la celo estis forigi radioaktivajn polverojn, kiuj envenis sur la ŝupland-umoj, sed la tuto ŝajnis sufiĉe sensenca, ŝi diras.

– Ĉio estis stranga. Kiam Ĉernobilo eksplodis, ni eksciis pri tio nur post dek tagoj aŭ eĉ du semajnoj. Intertempe okazis la festado de la unua de majo. Tiu estis bona tempo planti terpomojn, estis ege varme kaj multaj estis ekstere en siaj kultivejoj. Kiam oni poste eksciis pri la radiado, tio estis ŝoko, kompreneble oni ektimis. Kaj ekkoleris pro tio, ke oni ne informis nin ĝustatempe, tiel ke homoj povus resti interne.

Por la loĝantoj de okcidenta Ukrainio estis faciligo poste ekscii, ke la ĉefa parto de la radioaktiva nubo direktiĝis norden kaj ke Lvivo ne estis aparte trafita. Sed la tuta vero iĝis konata nur post multaj jaroj – iuj aferoj nur tute lastatempe, Olena diras.

Lvivo kaj aliaj partoj de la plej okcidenta Ukrainio estis aligitaj al Sovetio nur en la komenca fazo de la dua mondmilito, kiam Hitlero kaj Stalino estis aliancanoj kaj dividis Eŭropon inter si. Antaŭ la rusa revolucio la regiono apartenis al Aŭstrio-Hungario. Dum la intermilita periodo Lvivo estis grava urbo en la ree sendependiĝinta Pollando. Gravas koni la historian fonon por kompreni, kial ĝuste en Lvivo okazis la unuaj protestoj por pli da malfermeco kaj demokratio en Ukraino, kelkajn jarojn post la Ĉernobila akcidento. Lvivo estis centro de la disidenta movado jam en la 1960-aj jaroj, Olena diras.

– Iom da liberpensado ĉiam estis ĉi tie, kaj en Lvivo oni kun varmo memoras la aŭstran tempon antaŭ la unua mondmilito. Tiu estis grava epoko, ĉar tiam oni komencis rekoni la ekziston de la ukraina grupo, la ukraina lingvo ekhavis katedron en la universitato, kaj ni krome havis la unuajn demokratiajn elektojn. Dum la soveta tempo ĉi tie estis multe da rezisto. Disidentoj, kiuj volis defendi la ukrainan kulturon, estis punataj pro tio. En 1972 junaj studentoj volis soleni kristnaskon en tradicia maniero kaj kanti ukrainajn kristnaskajn kantojn. Ili estis kondamnitaj al du ĝis kvin jaroj en malliberejo nur pro tio, ke ili kantis surstrate.

Ke Ukrainio iam povus iĝi sendependa ne estis penso kiu aperus al Olena antaŭ la malfruaj 1980-aj jaroj, kiam la manifestacioj por demokratio komenciĝis. En ŝia lerneja tempo estis evidentaĵo ankaŭ, ke Ukrainio estas parto de Sovetio. Sed samtempe estis evidentaĵo ankaŭ, ke ŝi loĝas ĝuste en Ukrainio, ŝi diras.

– Ĉi tie en Lvivo ni parolis ukraine, do evidente ni identigis nin kun Ukrainio. Kaj Lvivon oni ofte konsideris ia interna eksterlando de Sovetio. Precize kiel la landoj de Baltio, ni estis iom malsamaj, kun propra arkitekturo. Ni havis kafejojn eĉ en la soveta tempo, ne multajn, sed ili ekzistis. Oni faris ĉi tie multajn filmojn, kiam oni volis ŝajnigi ke estas eksterlando, kaj kiam ni spektis tiujn filmojn, ni sentis fieron pro nia urbo.

Ĉar okcidenta Ukrainio vivis sub soveta potenco multe malpli longe ol la cetero de la hodiaŭa Ukrainio, multaj en Lvivo havis proksimulojn kun persona sperto de la tempo antaŭ Sovetio. Okcidenta Ukrainio ankaŭ ĉiam estis grava centro por la ukraina lingvo kaj la ukrainlingva kulturo.

Diference de la grandurboj en centra kaj orienta Ukrainio, kie la rusa lingvo kun la paso de la jaroj iĝis ĉiam pli superrega, Lvivo estis tute ukrainlingva urbo – ĉi tie nur la partiaj gravuloj sendis siajn infanojn al ruslingvaj lernejoj.

Antaŭ la dua mondmilito la pola estis la ĉefa lingvo de Lvivo, kune kun la jida – triono el la urbanoj estis judoj. Post la milito el ili restis malmultaj. Sovetio konsideris la judojn polaj civitanoj, kaj pelis ilin de la nova soveta teritorio al Pollando. Preskaŭ ĉiuj poloj de Lvivo estis devigitaj translokiĝi al Pollando, dum etnaj ukrainoj el Pollando estis pelitaj orienten, al la sovetia Ukrainio.

La neniigo de la judoj kaj la postaj etnaj purigoj transformis regionon kun miksita loĝantaro al teritorio, kie la nova ŝtatlimo inter Pollando kaj Sovetio samtempe iĝis akra limo inter poloj kaj ukrainoj. Hodiaŭ la nova limo estas ĝenerale akceptata ambaŭflanke, sed memoroj de la devigita popolinterŝanĝo plu vivas.

La patrino de Olena Holiŝeva naskiĝis en la hodiaŭa Pollando, sed ŝi estis malgranda, kaj memoras nenion pri la deviga translokado de la familio orienten. Avino de Olena Holiŝeva aliflanke bone memoras, kiel ŝi estis ekzilita al Siberio, samkiel multaj aliaj ukrainoj en la nove konkeritaj regionoj, kiujn la sovetaj potenculoj ne konsideris fidindaj civitanoj. Ofte temis pri tio, ke ili estis tro edukitaj, tro bonstataj aŭ havis ŝtatan postenon.

– Ŝi finis la lernejon tie en Siberio, sed fine ili rajtis reveni al Ukrainio, al la vilaĝo kie ili loĝis antaŭ la milito. Tiaj aferoj estas ege tristaj, tragikaj, kaj la memoroj daŭre restas profunde ĉe multaj homoj. Kaj ial ĉiam kulpas la sama lando, ĉiam estis Rusio, aŭ Sovetio.

Post la dua mondmilito multaj Lvivanoj estis pelitaj orienten. Nun rifuĝantoj el orienta Ukrainio, fuĝantaj pro la rusa atako, serĉas sekuron en Lvivo. Unu el ili estas Jelena, 58-jara instruisto de kemio. Ŝi venas el Lisiĉansk en Donbaso. Tie okazis severaj bataloj dum pluraj semajnoj en printempo kaj somero 2022, ĝis la rusaj trupoj fine de junio konkeris la urbon. Sed tiam ŝi ne plu estis tie, ĉar ŝi estis trafita de grenadero la 20-an de junio, perdis unu okulon kaj preskaŭ mortis.

Nun ŝi sidas en la manĝejo de unu el la konteneraj vilaĝoj, kiuj estis konstruitaj por militrifuĝintoj rande de Lvivo, kaj atendas sian tagmanĝon. Ŝi rigardas min per la maldekstra, viva flanko de sia vizaĝo, kun vigla blua okulo. Nur kiam ŝi turnas la kapon mi vidas, ke la alia okulo mankas kaj ke la dekstra flanko de la vizaĝo similas senvivan maskon. Ŝi atendas plian operacion.

– Mi simple iris al la parko por kolekti branĉojn de tilio. Mi aŭdis eksplodon, sed ne vidis ĝin. Mi sentis fortan doloron. Soldatoj helpis min, ili forportis min, diris ke mi parolu, por ke mi ne perdu la konscion. Ili demandis, kiu mi estas, kie mi loĝas, ili donis al mi unuan helpon. Poste mi memoras nenion antaŭ ol mi vekiĝis en la hospitalo en Dnipro la 9-an de julio. La tutan tempon ĝis tiam mi estis en intensa flegado.

De la granda armea hospitalo en Dnipro en centra Ukrainio ŝi estis transportita al malsanulejo en Lvivo por plia kuracado.

– Mi veturis per hospitala trajno de Kuracistoj sen limoj. Oni flegis min ĉi tie dum du monatoj, nun oni ĵus malregistris min ĉe la malsanulejo. Mi estas tute sola ĉi tie, mia 91-jara patrino estas plu en Lisiĉansk kune kun mia 32-jara filo. Mi apenaŭ havas kontakton kun ili, ĉar la ukraina telefonreto tie estas malŝaltita depost majo. Elektro mankas, hejtado mankas, akvo mankas. Tutan monaton ni kuiris manĝon sur malferma fajro. Nun oni klopodas ripari la gason kaj elektron.

Foje ŝi sukcesas paroli kun siaj filo kaj patrino helpe de parencoj en Rusio – de tie eblas telefoni al la okupita Lisiĉansk.

– Miaj nevoj telefonas ilin en la ordinara maniero, kaj min per Whatsapp. Se ili kunmetas la du telefonojn, ni foje povas paroli.

Jelena kreskis en orienta Ukrainio. Diference de Olena, ŝi antaŭ la disfalo de Sovetio ne vidis grandan diferencon inter Ukrainio kaj Rusio. Ja, ankaŭ nun ne, ŝi diras.

– Mi loĝis en Sovetio, mi naskiĝis en Sovetio. Tial por mi ne estas diferenco, la limoj ne gravas, por mi egalas, al kiu nacieco homo apartenas aŭ kiun lingvon tiu parolas, plej gravas, ke estas homo.

Jelena mem estas ruslingva, kaj en Lvivo la kuracistoj demandis al ŝi, kiun lingvon ŝi preferas paroli. Sed la flegistoj malkontentis, ĉar ŝi parolis ruse, ŝi diras.

– Antaŭe ne gravis, kiun lingvon oni parolis, sed la pli juna personaro en la hospitalo, ili demandis, kial mi venis ĉi tien por paroli la rusan. Sed mi ja venis ĉi tien ne pro mia propra volo. Mi bezonis operacion, mi havis grandan truon en la vizaĝo.

Estis pli stabile en la soveta tempo, Jelena diras. Kaj malfacilas kontraŭdiri, almenaŭ tiam malestis milito en ŝia hejmurbo. La plej bonajn memorojn ŝi havas de la soveta tempo. La katastrofo de Ĉernobilo okazis distance, sed ankaŭ ĝin ŝi memoras.

– Unue oni diris nenion. Poste oni diris, ke okazis akcidento. Mi tiam estis juna, mi ĵus finis la pedagogian instituton en Luhansk kaj oni asignis al mi postenon en Lisiĉansk. Tie mi renkontis mian edzon, sed ni ne jam geedziĝis. Ili prenis lin kaj sendis lin al Slavutiĉ, ĉar li estis telefon-instalisto.

Slavutiĉ estis tute nova urbo, kiu estis konstruata en norda Ukrainio por doni lokon al la evakuitoj de la neloĝebla nuklea urbo Pripjat. Sed kiam la fianĉo de Jelena alvenis tien, montriĝis, ke la organizado estis fuŝa.

– Oni sendis lin tien por konstrui telefonajn liniojn, sed ankoraŭ estis nenio tie. Mankis domoj, en kiuj oni muntu telefonliniojn, do li prenis subskribon en siaj paperoj kaj reveturis. La edzo de mia onklino estis mineja laboristo, ankaŭ lin oni sendis al Ĉernobilo post la akcidento. Li nun estas morta. Ankaŭ mia kuzo estis tie, li poste bezonis kuracadon, sed li travivis kaj poste ricevis infanojn. Jes, kion mi diru, terura katastrofo tio estis, evidente.

Tamen Jelena ne opinias, ke io aparte ŝanĝiĝis en la socio post la Ĉernobila akcidento.

- Ja daŭris longan tempon post la akcidento antaŭ ol Sovetio disfalis. La akcidento okazis en 1986, kaj tio en 1991. Sed politiko neniam interesis min. Mi tiam estis juna, mi havis aliajn celojn en la vivo kaj tiel plu. Sed estas vero, ke komence oni ne parolis pri tio, kio okazis.

Politiko ankaŭ nun ne aparte interesas ŝin, sed la stabilecon kaj fidon je estonto, kiun Jelena spertis dum la soveta tempo, ŝi ja volus rehavi, ŝi diras.

- Kompreneble mi estas por Ukrainio. Sed ĉiuj ĉi altigoj de tarifoj, abonpagoj por gaso, por kiuj ne sufiĉas la salajroj kaj eĉ malpli la pensioj, tio estas peza. Mi ja laboras... mi ja laboris la tutan vivon kiel instruisto de kemio en la lernejo.

La universitata instruisto Serhij fuĝis al Lvivo el Mariupol kun sia edzino, kun sia 17-jara filino kaj la kato de la familio. Lia fratino delonge loĝas en la okupita Krimeo, kaj nun ankaŭ la patrino veturis tien, li rakontas.

- Ni perdis la kontakton kun la patrino, ŝi restis en Mariupol. Ni ricevis helpon de volontuloj, kiuj trovis ŝin tie en kelo, ili sukcesis elveturigi ŝin al Zaporiĵo. Kiam mi demandis, ĉu ŝi volas veni al mi en Lvivo aŭ veturi al mia fratino en Krimeo, ŝi elektis Krimeon. Sed kiel ŝi venu tien? Tamen ŝi trovis iun, kiu veturigis ŝin al Melitopol spite la pafadon. Kaj nun ŝi estas en Krimeo kun mia fratino.

Serhij silentas momenton. Lia patrino do elektis libervole veturi trans la frontlinio al la okupita Krimeo, de kie la rusiaj trupoj regule pafas krozmisilojn al Ukrainio. Kaj hejme en Mariupol multaj el la najbaroj ne estis imunaj al la rusia propagando. Ili eble ne estis sur la flanko de Rusio – sed ankaŭ ne evidente estis sur la flanko de Ukrainio, kiam la milito komenciĝis.

- La plej multaj en nia domo estis fabrikaj laboristoj. Nia familio estis la escepto. Estis porukrainia Mariupol, kiu estis tre videbla, sed iasence temis pri fasado. Niaj najbaroj apartenis al la silenta majoritato. Ili ne influis la politikon, sed ili ekzistis. La majoritato estis, ni diru, marĉo – nek tio, nek alio. Oni foje diras, ke Putin venis, ĉar la majoritato ĉe ni estis porrusia, sed mi ne kulpigas ilin, ili ne vokis lin.

Serhij estas 49-jara, naskiĝis kaj kreskis en Mariupol kaj vivis tie sian tutan vivon ĝis la granda milito komenciĝis en 2022. Lia patrino, kiu nun trovas sin en Krimeo, apartenas al la greka minoritato de la regiono. Li mem estas origine ruslingvano, kiel preskaŭ ĉiuj en la regiono de Mariupol, sed nun li preferas paroli la ukrainan. Kiel infano li tamen apenaŭ pensis pri tio, ke li loĝas en Ukrainio.

– Ne, mi loĝis en Sovetio. Aŭ soveta Ukrainio. Ĝis la perestrojko mi estis tute ordinara sovetia infano, pioniro kaj ĉio tia. De la infanaĝo mi memoras kompreneble la maron, ni pasigis multe da tempo ĉe la bordo. Kaj ni multe futbalis. Mi memoras nian korton, kaj sovetiajn dolĉaĵojn, ili ne estis ege bonaj. Unuafoje mi vidis ion alian ol Mariupol nur en plenkreska aĝo. Tiam Doneck estis la centro de la civilizo. Al eksterlando mi veturis nur en la aĝo de 37 jaroj.

Ankaŭ la memoro pri la Ĉernobila katastrofo estas por Serhij ligita kun la maro.

– Mi hazarde tiam estis malsana. Mi estis dektrijara, kuŝis en malsanulejo kaj estis tre malmulte da informoj. Poste venis la Ĉernobilaj infanoj, ankaŭ ilin oni portis al la maro. Ili estis kalvaj. Ni restis je distanco, iel ni pensis ke ili povus infekti nin. Mi futballudis kaj rigardis ilin. Ĉiuj parolis pri Ĉernobilo, sed estis nur tre fragmentaj famoj, kaj mi mem tiam pli interesiĝis pri la futbala mondĉampionado en Meksiko.

La mondĉampionado daŭris la tutan junion 1986. Argentino gajnis, la sekvajn lokojn atingis Okcidenta Germanio kaj Francio. Restis tri jaroj ĝis la falo de la Berlina muro, kaj la informoj pri la Ĉernobila katastrofo estis io, pri kio la plenkreskuloj parolis inter si, en la gazetoj oni skribis nenion. Sed tio rapide komencis ŝanĝiĝi pro la perestrojko kaj glasnosto de Gorbaĉov, kaj la nova malfermeco vekis la intereson de Serhij. Tamen la interesaj ŝanĝoj okazis en Rusio, ankoraŭ ne en Ukrainio, diras Serhij.

- Perestrojko formis mian demokratian kaj liberalan mondorigardon. Mi legis multe el la tiutempaj publikaĵoj en la rusa, ĉar tio kio venis el Leningrado aŭ Moskvo estis multe pli interesa ol tio, kio haveblis en la ukraina. Mia ukraina identeco estiĝis poste, en la universitato, jam dum la sendependeco. Pli frue mi ne sentis, ke mi loĝas en Ukrainio, sed en Sovetio, kaj por mi ne estis diferenco inter Ukrainio kaj Rusio.

La ukraina registaro dum granda parto de la 1980-aj jaroj estis bremso por la radikalaj ŝanĝoj, kiujn Miĥail Gorbaĉov paŝon post paŝo komencis realigi – ne antaŭvidante, al kio ili kondukos.

"Kiu idioto elpensis la vorton perestrojko", laŭdire demandis la ukraina partiestro Volodimir Ŝĉerbickij al siaj kunlaborantoj, kiam li unuafoje aŭdis pri la nova koncepto. Ŝĉerbickij rivevis la potencon en Ukrainio en 1972, kiam lia pli liberala antaŭulo Petro Ŝelest estis eksigita de Leonid Breĵnev.

Ŝelest siavice ricevis la potencon en 1963, fine de la degela periodo de Nikita Ĥruŝĉov. Kiam Ĥruŝĉov estis detronigita de Leonid Breĵnev en 1964, tio estis ankaŭ en Ukrainio komenco de la fino de la nelonga pli liberala epoko.

Jam somere de 1965 pluraj junaj intelektuloj estis arestitaj en Kijivo kaj Lvivo. En septembro de la sama jaro la literatura kritikisto Ivan Dzjuba post filma premiero supreniris al la scenejo de la kinejo Ukrainio en Kijivo por transdoni florbukedon al la reĝisoro. Poste li aliris la mikrofonon por protesti kontraŭ la arestoj. Por silentigi lin oni ŝaltis alarman sirenon, sed li daŭrigis voĉlegi la nomojn de la arestitoj.

En la salono sidis la literatursciencisto Vjaĉeslav Ĉornovil, kiu multe pli malfrue, dum la perestrojko, iĝos unu el la pintaj figuroj de la ukraina movado por demokratio – kaj malgajnos la unuan demokratian elekton de prezidento en Ukrainio en 1991. Nun li stariĝis kaj kriis: "Tiuj, kiuj protestas kontraŭ la politikaj arestoj, stariĝu!" En la plenŝtopita salono stariĝis kvindeko da homoj.

Kaj Dzjuba kaj Ĉornovil post la protesto estis persekutataj, samkiel aliaj, kies partoprenon oni suspektis, sed ili ne tuj estis malliberigitaj. Dum Ŝelest plu havis la potencon, li povis iugrade rezisti la premon de Moskvo. La regantoj tie bezonis la apogon de la ukrainaj partiaj gravuloj en la internaj intrigoj, kaj Ŝelest uzis sian potencon por fortigi la pozicion de Ukrainio en Sovetio kaj por defendi la ukrainan lingvon kaj la ukrainan kulturon.

La tempo de relativa libereco en Ukrainio subite finiĝis en 1972, kiam Leonid Breĵnev atingis plenan regon de la partia hierarkio kaj decidis eksigi Ŝelest. La ukraina partiestro estis akuzata pri "naciisma devio" kaj lin anstataŭis la lojala kamarado de Breĵnev, Ŝĉerbickij. Baldaŭ poste Ivan Dzjuba estis kondamnita al kvin jaroj en punlaborejo kaj pliaj kvin jaroj en interna ekzilo pro la libro "Internaciismo aŭ rusigo". La libron, kiu temis pri la sovetia lingvopolitiko, li verkis kaj neoficiale publikigis jan en 1965.

Ivan Dzjuba travivis la punlaborejojn kaj poste iĝis kultur-ministro en la sendependa Ukrainio. Li mortis en Kijivo en la aĝo de 90 jaroj la 22-an de februaro, du tagojn antaŭ la rusia atako.

Ŝĉerbickij, kiu prizorgis la enprizonigon de Dzjuba, esperis iĝi la posteulo de Breĵnev kiel la estro de la tuta Sovetio. Lin preterkuris unue du malsanegaj aĝuloj – la KGB-estro Andropov, la partia veterano Ĉernenko – kaj poste la juna, dinamika Gorbaĉov, kiu frakasis lian esperon iam atingi la potencon en Kremlo. En la reg-anta politburoo Ŝĉerbickij estis unu el la ĉefaj reprezentantoj de la stagno de la Breĵnev-epoko ĝis septembro 1989. Tiam la pozicio de Gorbaĉov iĝis sufiĉe forta por ke li povu liberiĝi de Ŝĉerbickij.

La jaro 1989 multmaniere estis turnopunkto por Ukrainio. En la printempo okazis la unuaj liberaj elektoj al la nova, giganta sovetia parlamento, la kongreso de la popolaj deputitoj. Pere de diversaj kvotoj la komunisma partio rezervis al si 1 958 el la entute 2 249 lokoj. La elekta kampanjo, kaj precipe la malfermaj, kritikaj debatoj dum la unua parlamenta sesio, kiujn eblis spekti en rekta televida elsendo, faris enorman impreson en lando, kie ajna kritiko de la potenculoj ĝis tute lastatempe estis tre riskoplena afero.

En la sama jaro estis fondita la unua libera politika amas-organizaĵo de Ukrainio, Ruĥ ("Movado"), kies origina nomo estis "Popola movado por subteno de perestrojko". Vjaĉeslav

Ĉornovil iĝis unu el ĝiaj plej gravaj gvidantoj. Samjare oni nuligis la malpermeson de la Ukraina grek-katolika eklezio, kiu estis forta en okcidenta Ukrainio, sed kiu post la dua mondmilito povis funkcii nur sekrete. Stalino volis, ke la ukrainoj apartenu al la rusa ortodoksa eklezio – ne al la grek-katolika eklezio, kiu depost la unio de Brest-Litovsk en 1596 rekonas la aŭtoritaton de la papo.

Olena Holiŝeva, kiu kreskis en Lvivo, memoras la decidon permesi la grek-katolikan eklezion kiel gravan turnopunkton.

– Ĝi ŝajnis ŝanco rekrei nesovetian vivon, vivon, kiu ne estis ŝajnigo. Mi tiam estis studento, kaj ni havis la senton, ke venis tempo, en kiu eblas atingi ion novan. 1989 estis ankaŭ la jaro, kiam mi unuafoje vizitis eksterlandon, mi veturis al somera lernejo de la germana en Bonn. Kiam oni vidis tute alian mondon, kiel ĝi funkcias, kun veraj demokratiaj institucioj, kaj poste revenis al la sovetia realo, tio ne estis agrabla.

La rehabilito de la grek-katolika eklezio kaj la unuaj malfermaj manifestacioj en Lviv en la sama jaro, por pli da libereco kaj demokratio, unuafoje igis ŝin serioze konsideri la eblon ke Ukrainio povus iĝi sendependa.

– Tiam mi ankaŭ ekpensis pri nia historio, pri la strebadoj al sendependo post la unua mondmilito, la Okcident-ukraina popola respubliko kaj Ukraina popola respubliko. Tiufoje nia sendependo estis strangolita, sed la strebado de ukrainoj rekrei la ukrainan ŝtaton neniam ĉesis.

La Okcident-ukraina popola respubliko kaj la Ukraina popola respubliko estis du nelongdaŭraj ŝtatoj, kies fondo okazis en Lvivo respektive Kijivo, en la fina fazo de la unua mondmilito. La estiĝo de du ukrainaj ŝtatoj – ambaŭ kun la sama flago kaj nacia himno, tiuj de la hodiaŭa ukraina ŝtato – estis logika sekvo de tio, ke la ukraina regiono dum pluraj jarcentoj estis dividita. Orienta Ukrainio estis regata de Rusio, dum la okcidentaj partoj ĉefe apartenis al Pollando. Post la divido de Pollando ili iĝis parto de Aŭstrio-Hungario.

La unua orient-slava ŝtato estiĝis ĉirkaŭ Kijivo jam en la 9-a jarcento. Se nun Vladimir Putin asertas, ke la hodiaŭan Ukrainion kreis Vladimir Lenino, oni povus almenaŭ same argumentite aserti, ke Vladimir (aŭ Volodimir) la sankta de Kijivo kreis la tutan Rusion. Sed nek la Kijiva ŝtato nek la Rusia imperio estis naciaj ŝtatoj. Moderna naciismo kaj la ideo de naciaj ŝtatoj estiĝis nur lige kun la franca revolucio fine de la 18-a jarcento. La ukraina nacia vekiĝo komenciĝis en la 1840-aj jaroj – sed ĝin bremsis la potenculoj de Rusio, kiuj anstataŭe volis vidi la ukrainojn kiel parton de la "triunua rusa popolo". La triunuo konsistus el grandrusoj (rusoj), belorusoj kaj malgrandrusoj (ukrainoj). Samkiel Vladimir Putin hodiaŭ, ankaŭ la oficistoj de la Rusia imperio en la 19-a jarcento asertis, ke rusoj kaj ukrainoj efektive estas la sama popolo. Sekve estas bezonata neniu ukraina ŝtato, kaj la ukraina lingvo ne estas lingvo, sed nur nerafinita rusa dialekto.

Por forigi la misan kredon, ke fakte ekzistas aparta ukraina popolo, la ministro de internaj aferoj Pjotr Valujev en 1863 malpermesis preskaŭ ĉiujn eldonaĵojn en la "malgrandrusa" lingvo. Permesitaj estis nur beletraj verkoj taŭgaj por la edukitaj sociaj klasoj, sed nenio, kio povus misgvidi ordinarajn popolanojn. Pliaj limigoj estis enkondukitaj en 1876 en la tiel nomata ukazo de Ems, kiu malpermesis ne nur ukrainlingvajn presaĵojn, sed ankaŭ ukrainlingvajn teatrajn prezentadojn. La malpermesoj estis nuligitaj nur lige kun la rusia revolucio de 1905.

Okcidente de la limo, en Aŭstrio-Hungario, estis neniuj similaj malpermesoj – la ukraina lingvo neniel minacis la multnacian Habsburgan imperion. Ĉi tie oni eldonis ukrainajn librojn grandkvante, kaj parto el ili estis kontrabandita al la orienta flanko de la limo. Popolan edukadon en la ukraina lingvo grandskale aranĝis la organizaĵo Prosvita, kiu estis fondita en Lvivo en 1868. La historiisto Miĥajlo Hruŝevskij, kiu kreskis en la Rusia imperio, translokiĝis en 1894 al Lvivo, kie li iĝis profesoro de ukraina historio. Poste li havis gravan rolon dum la unua, ŝtorma sendependec-periodo de Ukrainio dum la rusia interna milito.

En 1924 Hruŝevskij revenis el ekzilo en la okcidento al Soveta Ukrainio, kie li plu verkis sian gigantan dekvoluman verkon pri la historio de Ukrainio. La politiko de Sovetio en la 1920-aj jaroj celis fortigi la proprajn lingvojn de la sovetaj respublikoj, sed tiu nacieca politiko abrupte ŝanĝiĝis, kiam Stalino fortigis sian pozicion kaj komencis striktigi la ŝraŭbojn de la sistemo. Granda parto de la ukraina inteligencio estis likvidita komence de la 1930-aj jaroj, samtempe kiam milionoj da ukrainioj estis mortigitaj per Holodomor, la malsatkatastrofo sekvinta la Stalinan perfortan kolektivigon de la terkulturado. Hruŝevskij mem estis devigita transloki ĝi el Ukrainio al Rusio, kie li estis zorge observata de la sekurservo kaj forpasis en 1934.

Nun la vizaĝo de Hruŝevskij ornamas unu el la plej uzataj monbiletoj de la sendependa Ukrainio. La plej perfortaj bataloj dum la revolucio de digno en 2014 okazis laŭ la strato Hruŝevskij, kiu kondukas al la parlamentejo en centra Kijivo. Sed en 1990 la nova ideo pri propra, sendependa lando plu ŝajnis distanca utopio, kvankam restis nur iom pli ol unu jaro ĝis la disfalo de Sovetio.

La demokratia bloko printempe de 1990 ricevis nur kvaronon el la lokoj en la parlamento de la Ukraina soveta respubliko. La parlamentanoj estis elektataj en unumandataj distriktoj, kaj nur en la plej okcidenta parto de Ukrainio, en la regionoj ĉirkaŭ Lvivo, la opoziciaj kandidatoj sukcesis ricevi majoritaton de la voĉoj – rezulto, kiu poste ripetiĝis multfoje. En la prezidenta elekto de 2019 la provinco de Lviv estis la sola parto de Ukrainio, kie Volodimir Zelenskij ne ricevis majoritaton de la voĉoj en la dua balotado.

Tamen la vento jam turniĝis, kvankam la komunistoj plu havis tri kvaronojn el la lokoj en la ukraina parlamento. Jam en la somero de 1990 la parlamento akceptis deklaron de suvereneco, samkiel jam faris Rusio kaj la baltiaj respublikoj. La prezidanto de la parlamento, la 56-jara komunisto Leonid Kravĉuk, baldaŭ iĝos la unua prezidento de la sendependa Ukrainio.

Serhij el Mariupol estis 17-jara kiam la deklaro de suvereneco estis aprobita. Li malfacile povis kompreni, kion ĝi efektive signifas.

– Tiam mi daŭre pli interesiĝis pri tio, kio okazas en Moskvo kaj Leningrado, la interesaj aferoj estis tie. Mi legis *Komsomolskaja Pravda*, aŭskultis rusan rokmuzikon. Kiam venis la deklaro pri la suvereneco de Ukrainia soveta respubliko, ni ne komprenis, ĉu tio signifas sendependon aŭ ne. Unuflanke Ukrainio iĝis suverena, aliflanke Sovetio plu restis. Mi bonvenigis la progreson direkte al sendependo, sed unuavice ne ĉar mi volis havi sendependan Ukrainion, prefere por fuĝi de komunismo.

La eksplodo en la Ĉernobila nuklea centralo en aprilo 1986 estis la starta pafo al la disfalo de Sovetio kaj al la estiĝo de sendependa ukraina ŝtato. La fantoma urbo Pripjat estis grava etapo ankaŭ por la rusiaj trupoj, kiuj en februaro 2022 inundis trans la norda limo por restarigi la decidrajton de Moskvo en "Malgranda Rusio". La enmarŝon el la belorusia parto de la malpermesita zono ĉirkaŭ la paneinta nuklea centralo faciligis la larĝaj betonaj vojoj, iam konstruitaj por likvidi la sekvojn de la katastrofo.

En la centro de la fantoma urbo la rusiaj okupaciaj trupoj povis observi la ruinojn de la sovetia superbazaro, kie Petro iam aĉetis kolbason. Dekstre de la butiko ili povis vidi la iam imponan fasadon de la kulturpalaco konstruita por la laboristoj de la nuklea centralo. Ĝiaj enormaj fenestraj vitroj delonge estas for. Sur tegmento de unu el la altaj domoj ĉe la centra placo de la urbo ili povis legi ukrainlingvan, sovetian sloganon: "La atomo estu laboristo, ne soldato!"

Sendependo

1991

La manoj de la puĉisto klare tremas en la televida bildo. La 53-jara partia burokrato Gennadij Janajev estis elektita kiel la unua vicprezidanto de Sovetio antaŭ ok monatoj. Miĥail Gorbaĉov mem petis la sovetian parlamenton subteni lin. Nun Janajev sidas sur la scenejo de la bunkreca konstruaĵo de la ŝtata novaĵagentejo RIA Novosti en centra Moskvo. Li klopodas klarigi, kie Gorbaĉov estas, kial li uzurpis la potencon kaj kio nun okazos. Li ne tre sukcesas – li mem ŝajnas apenaŭ kompreni, kion li kaj lia kamarado Vladimir Krjuĉkov, la estro de KGB, entute faris, kiam ili deklaris eksterordinaran staton kaj fondis la specialan komisionon GKĈP, kiu nun restarigu ordon en la lando. Oficiale la prezidento Miĥail Gorbaĉov ne povas plenumi siajn devojn pro sanproblemoj. Fakte li estas izolita en la somera ŝtatestra luksvilao en Foros, Krimeo. Ĉiuj ligoj kun la ĉirkaŭa mondo estis tranĉitaj de GKĈP jam la antaŭan vesperon. Por ekscii pri la okazaĵoj Gorbaĉov aŭskultas la kurtondajn elsendojn de BBC en la rusa.

Unu el la viroj, kiuj certigis la izolon de Gorbaĉov, estis Mikola Krigin. En tiu tempo li militservis en la sovetia mara infanterio en Krimeo, nun li estas pastro en Buĉa apud Kijivo.

La buso al Buĉa iras de la finstacio de la ruĝa metrolinio, Akademmisteĉko – "Akademia vilaĝo". La stacio situas en la nordokcidento de la ĉefurbo, en urboparto, kiun oni komencis konstrui en la 1960-aj jaroj. Dum la soveta tempo ĉi tie troviĝis interalie esplorinstituto, kiu produktis registrajn aparatojn por kosmaj veturiloj. Post la disfalo de Sovetio inter la metrostacio kaj la eluzitaj sovetaj loĝblokoj kreskis bazareto kun vicoj de malgrandaj butikoj. Subvestaĵoj, kurtenoj kaj ŝuoj estas proponataj je rabatitaj prezoj. Unu el la butikoj nomiĝas "Viaj turkaj ĝinzoj". Sur la mallarĝa flanko de enorma griza, deksesetaĝa domo, giganta juna viro en nefinbutonumita, florornamita ĉemizo rigardas malsupren, al la preterpasantoj. La reklamafiŝego vendas asekurojn. "En la reto, komprenebbe", estas skribite super la ega junulo, kiu fingromontras sian poŝtelefonon.

La busbileto al la loko, kiu ĵus estis infero sur la tero, kostas 50 hrivnojn. Unu Hruŝevskij, alivorte – aŭ unu kaj duona eŭroj, laŭ la aktuala kurzo. La prezoj de busbiletoj forte saltis post la komenco de la milito. La senpagaj biletoj por specifaj grupoj estis nuligitaj. Antaŭe ekzemple evakuitoj el la malpermesita zono de Ĉernobilo rajtis veturi senpage, nun tion rajtas nur defendantoj de Ukrainio.

Ekde la fino de februaro ĝis la komenco de aprilo 2022 neniuj busoj veturis al Buĉa. La urbo estis okupita de rusiaj trupoj, kiuj vane klopodis pluiri en la direkto de Kijivo. Kiam Buĉa fine estis liberigita la 31-an de marto, la mondon ŝokis tio, kion la rusianoj lasis post si. Kadavroj kuŝis sur la stratoj kaj en amastomboj, minimume 15 el ili kun ligitaj manoj. Civiluloj estis sisteme torturitaj, seksperfortitaj kaj mortigitaj en keloj. Sume pli ol 400 loĝantoj de Buĉa estis mortigitaj dum la rusia okupacio, kiu daŭris monaton.

La buso veturas norden preter la enorma Lavina Mall, la plej granda aĉet-centro de Ukrainio, kiu estis trafita de rusiaj obusoj meze de marto. Nun videblas neniuj spuroj de la atako. La retejo de la aĉet-centro promesas, ke ĉio funkcias kiel kutime ankaŭ kiam mankas elektro – Lavina Mall havas proprajn generatorojn.

Kiam la buso proksimiĝas al Buĉa, la detruoj iĝas pli videblaj. Disbombita domo, dispafita reklamtabulo, rekonstruata ponto, ĉirkaŭ kiu la trafiko estas direktata. La buseto estas preskaŭ plena. Viro kun stople kurtaj haroj, en nigra leda jako kaj kun grandaj kapaŭskultiloj, atente tenas en la sino bukedon de ruĝaj rozoj, pakitan en travidebla plasto.

En Buĉa la suno brilas. La pastro Mikola atendas ĉe sia malgranda, ligna preĝejo en arbareto tuj apud la vojo al la centro. La preĝejo ne estis difektita dum la okupo, li rakontas. Kelkaj el la rusaj soldatoj eĉ eniris kun sia armea pastro por preĝi, oni diris al li. Mem li laŭeble restis distance de la rusoj.

Konstrulaboristoj finpretigas novan ludejon por infanoj apud la malgranda aĉet-centro Prestige Center, kiu laŭaspekte povus troviĝi en Svedio. Disbombita apartamento plej supre en sovetepoka kvinetaĝa domo estas riparata. La balkono havas spurojn de incendio, la fenestraj truoj malplenas, kaj kontenero, kiu pendas de enorma gruo, estas plenigata per rubaĵoj el la interno de la apartamento.

Alia gruo staras apud la manĝaĵ-vendejo Novus, kiu estis prirabita dum la okupo kaj nun estas riparata. Verda ŝildo kun la teksto "Laskavo prosimo – Welcome" montras direkte al la parkumejo de la butiko. La verda lado estas traborita je grandaj, rondaj truoj, kiuj pensigas pri ekzotaj floroj. La metala folio disfaldiĝis en formo de petaloj, kiam ĝi estis trafita de kugloj el peza mitralo. Jen, ĉe la monumento memore al la pereintoj en Afganio, okazis batalo inter la teritoria defendo kaj la rusaj trupoj, rakontas patro Mikola. Li montras al spuroj de kugloj sur la trunkoj de la restantaj arboj en la parketo apud la vojkruĉiĝo.

La monumento estas malnova, sovetia kirasveturilo sur altaĵeto meze inter la arboj. Nomoj de Buĉa-anoj, pereintaj dum la soveta milito en Afganio en la 1980-aj jaroj, estas gravuritaj sur ŝtonaj platoj.

– Niaj knaboj sin kaŝis ĉi tie malantaŭ la monumento kaj ekpafis kiam la rusoj venis.

La teritoria defendo ne havis pezajn armilojn kaj estis rapide devigita retiriĝi. Unu veterano de la milito en Donbaso estis mortigita ĉi tie, li diras.

La propra apartamento de Mikola estis dispafita de la rusianoj, kaj tri anoj de lia paroĥo pereis. Li mem bonŝancis. Li sukcesis forlasi Buĉa kune kun sia edzino, sia 17-jara filo kaj proksimume 80-jara bopatrino. La tegmento de la kapelo en la preĝejo, kie li laboras, ekhavis grandan truon dum la bombardado, kaj iaspeca obuso falis sur la plankon, sed nun ĉio estas riparita. El la spuroj videblas nur kelkaj pli helaj tabuloj en la planko kaj blanka makulo en la plafona pentraĵo, kie duona Jesuo kaj tuta fluganta anĝelo estis forpafitaj.

En la somero de 1991, kiam la puĉistoj klopodis uzurpi la potencon en Moskvo, Mikola estis freŝa rekruto en la sovetia armeo. Kiam la alarmo sonis, la soldatoj ricevis nenian informon. Pri novaĵoj ili sciis nenion.

– Ni havis unu televidaparaton por la tuta kazerno, kaj ĝi estis ŝaltata nur por la novaĵoj. Sed kiam la puĉo okazis, la televidilo estis malŝaltita, ili simple donis al ni pafilojn kaj forveturigis nin. Ni ja estis militservantoj. Ni evidente komprenis, ke okazas io stranga. Mi mem tamen apenaŭ povis pensi pri io alia ol la protektaj veŝtoj, kiujn ni laŭordone devis surmeti. Ili estis ege pezaj, kaj mi tiam estis juna kaj svelta, ne kiel nun. Oni ordonis, ke ni staru ĉe la vojbariloj kaj gardu ilin.

Sed la puĉo estis malbone planita kaj ankrita. Anstataŭ rapide malliberigi siajn kontraŭulojn, la puĉistoj sidis antaŭ la televidkameraoj kaj babiladis pri la problemoj de la terkultura produktado. La prezidento de Rusio, Boris Jelcin, sukcesis eniri la Blankan domon – la elegantan parlamentan konstruaĵon de la Rusia sovetrespubliko. Post du jaroj Jelcin mem dispafigos la konstruaĵon por konservi sian potencon. Sed en la nuna momento li gvidis la reziston kontraŭ la puĉistoj, kiuj volis konservi la sovetan sistemon. La rezulto iĝis la mala.

Dekmiloj da Moskvanoj kolektiĝis ĉirkaŭ la Blanka domo kaj restis tie por defendi la leĝan registaron de Rusio. Ĉi tie la lasta najlo estis martelita en la ĉerkon de Sovetio.

En la cetero de la lando ne okazis multo. En Ukrainio la prezidanto de la parlamento, Leonid Kravĉuk, petis ĉiujn resti trankvilaj. Por eviti protestojn kontraŭ GKĈP, la registaro de Ukrainio planis sendi ĉefurbajn studentojn al la kamparo por helpi en la rikoltado. La regantoj en Kijivo ne forgesis la pli fruajn amasprotestojn studentajn, kontraŭ la preparata nova unia traktato. La celo de la traktato estis konservi Sovetion, eĉ se en reformita stato. La studentaj manifestacioj komenciĝis sur la Placo de Oktobra revolucio en la centro de Kijivo – la placo baldaŭ ŝanĝos sian nomon – kaj ĝin baldaŭ subtenis dekmiloj da ĉefurbanoj. Ĉiuj universitatoj strikis, la protestantoj marŝis al la parlamento kaj devigis la konservativan majoritaton al koncedoj: demisiis la ĉefministro, kiu partoprenis la intertraktadojn pri la nova unia traktato, kaj la studentaj gvidantoj rajtis klarigi siajn postulojn en la televido. La okazaĵojn oni eknomis la Granita revolucio, laŭ la granito de la Oktobra placo. Poste oni memoros ilin kiel "la unuan Majdanon", ĉar du pliaj revoluciaj okazos sur la sama placo – la ukraina vorto "majdan" signifas "placo".

En aŭgusto 1991 tamen okazis nenio en Ukrainio. La komunistaj regantoj eble estis pli sur la flanko de la puĉistoj, la opozicio kontraŭis la puĉon – sed ĉiuj turnis siajn rigardojn al Moskvo por vidi, kien turniĝos la vento. Kaj ili ne bezonis atendi longe.

En Moskvo la defendantoj de la Blanka domo staris ĉirkaŭ la centro de la rezisto tage kaj nokte. Disfloris famoj pri tio, kiel la puĉistoj provos konkeri la fortikaĵon. Eble ili alkajiĝos per barĝo? La Blanka domo ja situas tuj apud la rivero Moskva. Sed ajnaj provoj eniri perforte por malliberigi Boris Jelcin kaj lian registraron povus finiĝi nur per masakro meze de Moskvo.

La puĉistoj sendis taĉmenton de 21 kirasveturiloj por starigi kontrolpunktojn laŭ la ringa vojo kiu perterpasas la Blankan domon. La taĉmenton estris certa Sergej Surovikin, tiam 24-jara kapitano. Post tridek jaroj li kiel generalo iĝos konata pro sia brutala militado en Sirio kaj poste estros la invadan armeon en Ukrainio. Sed en la nokto inter la 20-a kaj 21-a de aŭgusto 1991 li devis intertrakti kun rusiaj studentoj, kiuj starigis proprajn vojbarilojn sur la ringa vojo por defendi la Blankan domon. La rezulto estis, ke la kirasveturiloj dispremis la barilojn de la studentoj.

La studentoj Dmitrij Komar, Ilja Kriĉevskij kaj Vladimir Usov iĝis la solaj viktimoj de la puĉo – se ne kalkuli la ministron de internaj aferoj, Boris Pugo, kaj lian edzinon, kiuj sin mortigis en la sekva tago. La puĉistoj ne havis sufiĉe da subteno en la ŝtata perfort-aparato, kaj estis baldaŭ arestitaj. Gorbaĉov povis reveni al Moskvo. Sed tiu ne estis la Moskvo, el kiu li veturis al sia somera ripozejo – la potenco ne plu estis lia. La decidojn nun faris Boris Jelcin. Kiam la estroj de la armeo, polico kaj sekurservo estis ŝanĝitaj, la postenojn ricevis viroj lojalaj al Jelcin. La komunisma partio estis malpermesita kaj Gorbaĉov demisiis kiel ĝia ĝenerala sekretario. La posteno, kiun ekde la epoko de Stalino havis la plej alta gvidanto de Sovetio, ne plu ekzistis.

La universitata instruisto Serhij, kiu fuĝis el Mariupol, estis dek-okjara dum la aŭgusta puĉo de 1991. En la sama aŭtuno li devis ekstudi en la universitato. La puĉon li memoras bone.

– Ni ĉiuj parolis pri la puĉo, kiam ĝi okazis. Ni estis ordinaraj laboristaj infanoj, sed en tiu tempo ĉiuj legis la ĵurnalojn, kaj ni ege timis, ke ĉio turniĝos reen al la malnova stato de aferoj. Jelcin estis la idolo por ni ĉiuj tiam.

Post la puĉo Gorbaĉov plu restis la prezidento de Sovetio – tiun postenon li mem fondis – sed al la posteno ne plu apartenis potenco. Sur la papero Sovetio ekzistos kelkajn pliajn monatojn, sed efektive la ŝtato jam estis for.

Tion oni rapide komprenis ankaŭ en Ukrainio, kie la parlamento jam la 24-an de aŭgusto voĉdonis pri deklaro de sendependo. La rezultato surprizis ĉiujn. 346 parlamentanoj voĉdonis por sen-dependo, 5 sin detenis kaj nur 2 voĉdonis kontraŭ. Subite ĉiuj volis tranĉi la ligojn al Moskvo, eĉ se pro malsamaj kialoj. La pli liberalaj komunistoj de Kravĉuk alianciĝis kun la demokratoj por eviti kritikon pri tio, ke ili ne jam dum la puĉo distanciĝis de ĝi. La pli konservativaj komunistoj siaflanke malŝatis tion, kio estis okazanta en Moskvo, kie Jelcin prenis la potencon kaj la komun-isma partio estis malpermesita.

La 24-a de aŭgusto poste estos solenata kiel la tago de sende-pendo de la nova Ukrainio, sed la decido estis kondiĉita ja refe-rendumo, kiu okazis la 1-an de decembro. La subteno por sen-ependiĝo estis enorma, pli ol 80 procentoj en ĉiuj regionoj krom Krimeo. Tie la subteno restis iom sub 60 procentoj, sed ankaŭ en

Krimeo klara majoritato do voĉdonis por sendependiĝo. La historio de Sovetio finiĝis tiam, kaj en la okcidenta kristnaska tago, la 25-a de decembro, Gorbaĉov demisiis ankaŭ de la posteno de prezidento de la lando. Li estis ĝia unua prezidento, kaj lasta.

En Ukrainio oni tiam elektis la unuan prezidenton de la lando. La ĉefaj kandidatoj estis la prezidanto de la parlamento, Leonid Kravĉuk – kiu ĵus apartenis al la reformisma alo de la komunista partio – kaj la eksa disidento kaj multjara politika malliberulo Vjaĉeslav Ĉornovil. Lin multaj opiniis tro radikala – dum la elektaj mitingoj li arde promesis forigi ĉiujn restojn de la soveta sistemo, sed ne havis multon por diri pri tio, kiel oni savu la ekonomion kaj konstruu ion novan.

Kravĉuk gajnis la elekton, ricevante 62 procentojn de la voĉoj kaj majoritaton en ĉiuj regionoj krom la plej okcidenta parto de Ukrainio. Tie, en la regiono de Lviv, Ĉornovil aliflanke ricevis 76 procentojn el la voĉoj.

Tiam Ukrainio elektis malĝustan vojon, opinias Olena Holiŝeva, la konsilisto de rifuĝintoj en Lviv:

– Alia rezulto en la prezidenta elekto povus rapidigi la evoluon. Ni ne bezonus dum tiel longa tempo investi tiom da energio por kompreni, ke ni finfine devas for de Rusio, for de Sovetio, ke Ukrainio bezonas ne tiun formon de regado. Sed malfruas nun ŝanĝi tion.

Ankaŭ en la provinco de Doneck, al kiu Mariupol apartenas, pli ol 80 procentoj el la loĝantoj voĉdonis por la senependiĝo de Ukrainio en la referendumo de 1991. Tamen oni tiam unuavice voĉdonis ne por Ukrainio, sed kontraŭ Sovetio, diras la universitata instruisto Serhij.

– Ne temis pri nacia konscio. Almenaŭ ne ĉe ni. Eble estis tiel ĉi tie en Lviv, sed ĉe ni temis pri voĉdonado kontraŭ malplenaj bretaroj en la butiko. Por mi persone temis pri demokratio kontraŭ komunismo. Ne Ukrainio estis la plej grava afero tiam. Por la majoritato de la ordinaraj homoj tio estis voĉdonado pri bonfarto.

Sovetio montris sian nekapablon en tiu kampo, kaj oni asertis ke Ukrainio povus ekhavi la samam vivnivelon kiel Francio, ĉar ni havas multe da karbo kaj greno kaj tiel plu. Mi konas multajn, kiuj voĉdonis por la sendependeco pro tiu kialo.

La granda ŝanĝo en la vivo de Serhij ĝuste tiam ne temis pri la disfalo de Sovetio aŭ la sendependiĝo de Ukrainio, sed pri la komenco de la universitataj studoj.

– La universitato en Mariupol ĵus malfermiĝis. Mi estis akceptita kaj ekstudis historion. Estis tre bona grupo, ni iĝis bonaj amikoj kaj plu tenas la kontakton. Kaj la eduko estis bona, kun demokratiaj idealoj, glasnosto kaj tiel plu. Sed finance estis tre peze, mi tute ne havis monon. Mi loĝis kun miaj patrino, onklino kaj avino, mi vivis tre senpretende kaj estis subtenata de la gepatroj.

Tatjana Kurmanova estas ĵurnalisto en Kijivo, sed ŝi naskiĝis en Taĝikio en sovetia Centra Azio en 1985. Ŝi estis devigita fuĝi la internan militon en Taĝikio en 1992, kiam ŝi estis sepjara. Ŝi devis fuĝi denove en 2014, kiam Rusio aneksis Krimeon kaj ne plu eblis labori tie kiel sendependa ĵurnalisto. Kaj denove en februaro 2022, kiam la rusiaj trupoj proksimiĝis al Kijivo kaj okupis la antaŭurbon, kie ŝi kaj ŝia edzo ĵus aĉetis apartamenton.

Mi intencis intervjui ŝin en Kijivo, sed ne sukcesis, ĉar mi devis rapide forlasi la urbon kiam la rusia terorbombado komenciĝis. Anstataŭe ni interkonsentas pri reta renkontiĝo, surbaze de la horaro de la elektra kompanio, por ke estu elektro kaj reta konekto en ŝia hejmo. Sed tiun antaŭtagmezon la rusoj denove bombas Kijivon, kaj la elektro ne estas ŝaltita laŭ la horaro. Anstataŭe mi vokas ŝin telefone. Ni parolas duonhoron, tiam la voko abrupte interrompiĝas. Post tri kvaronhoroj Tatjana sendas mesaĝon:

"Mi estas en la metroo, estas la sola loko, kie ni havas iom da ligo de tempo al tempo. Oni skribas, ke daŭros almenaŭ tagnokton, antaŭ ol oni sukcesos ripari la reton."

Ŝi ajnakaze havis tempon rakonti la plej gravajn aferojn.

La kialo, pro kiu ŝi naskiĝis en Taĝikio, estas, ke ŝiaj geavoj sur ambaŭ flankoj estis deportitaj tien. Ŝia avo sur la patrina flanko estis krimea tataro. Ĉiuj tataroj estis deportitaj el Krimeo en 1944 – laŭ Stalino la tuta popolo kulpis pri ŝtatperfido kaj helpis la germanajn okupajn trupojn dum la milito. La familio de ŝia patro aliflanke estis sendita al Taĝikio ĉe la limo kontraŭ Afganio lige kun la deviga kolektivigo de la terkulturado en la 1930-aj jaroj. Ili estis bonfartaj bienuloj kaj tial estis forsenditaj el sia hejma vilaĝo en la regiono de la rivero Volgo en Rusio kiel "kulakoj".

– Mi memoras lokan gazeton de la tempo kiam komenciĝis la disfalo de Sovetio. En ĝi estis bildo de Sovetio sur pulvobarelo.

Kiam Sovetio ĉesis ekzisti, tuj komenciĝis perfortaĵoj en Taĝikio. Baldaŭ ili transformiĝis al plenskala interna milito. Tatjana tamen povis komenci la lernejon en la ĉefurbo de Taĝikio, Dušanbo, kie ŝi loĝis kun siaj gepatroj kaj geavoj – sed la situacio rapide malpliboniĝis.

– Oni pafadis meze de la urbo en Dušanbo. Mi memoras, ke kuŝis kadavroj surstrate. Unufoje, kiam panjo veturis hejmen de la laborejo, ŝi kaj ĉiuj aliaj en la buseto iĝis ostaĝoj. Ili restis kaptitaj dum iom da tempo, kaj ĉiuj iliaj juveloj estis ŝtelitaj. Post tio panjo decidis, ke ni devas forveturi.

Tiam estiĝis la demando: kien?

– Ili ja naskiĝis en Dušanbo kaj loĝis tie la tutan vivon. Krimeon ili vizitis nur libertempe – Jalton kaj la vilaĝon, el kiu miaj geavoj estis deportitaj en 1944.

Ekde 1944 ĝis la lastaj jaroj de Sovetio deportitaj krimeaj tataroj aŭ iliaj posteuloj ne rajtis ekloĝi en Krimeo. La remigrado komenciĝis en tre malgranda skalo en 1989.

En la malfrua somero de 1992 la gepatroj de Tatjana decidis, ke ili veturos al Krimeo. Ŝia patro veturis unue, por certigi, ke la familio havu lokon, kie loĝi. Kiam Tatjana devis ekveturi per la trajno kun sia patrino, oni denove pafadis en la urbo.

– Mi tiam estis sepjara, kaj mi bone memoras. Mi jam komencis la lernejon en Dušanbo. Ni entrajniĝis, poste ni devis kuŝiĝi surplanke, kiam oni pafis. La trajno ekveturis kun kuglotruoj en la fenestro, mi memoras, ke panjo ŝtopis ilin per naztukoj, kiuj flirtis en la vento kiam ni veturis. La vojaĝo daŭris ege longe, preskaŭ semajnon. Ni blokiĝis en Volgogrado kaj devis loĝi en la stacidomo kelkajn tagojn, ĝis panjo sukcesis aĉeti biletojn al Krimeo ĉe revendisto.

Krom Tatjana, la panjo devis dum la vojaĝo prizorgi ankaŭ ŝian kvinjaran fratineton. En Krimeo la familio dum iom da tempo loĝis en Jalto, sed la luo en la banurbo estis tro alta. Post multa klopodado ili fine sukcesis lui ĉambron ĉe maljuna, alkoholula virino en la malnova hejmvilaĝo de la parencaro – neniu alia tie volis loĝigi tatarojn.

La gepatroj eklaboris en la loka kolĥozo, sed la vivo estis malfacila. Mono mankis, la manĝaĵoj estis porciumitaj, la provizora loĝejo estis malvarma kaj eĉ la elektro regule interrompiĝis – precize kiel nun en Kijivo, diras Tatjana.

– Oni rajtis aĉeti manĝaĵojn nur kontraŭ porciumaj kuponoj. Oni devis stariĝi en la vico ekster la vilaĝa butiko jam frumatene. Ofte tie staris infanoj, ĉar la gepatroj ja devis labori. Unu fojon mi malkovris, ke mi perdis la kuponojn, kiam mi jam staris tiel longe, ke mi atingis la butikon. Tiam mi komencis plori. Estis kiel la fino de la mondo por mi. Sed tiam mi unuafoje spertis la homan bonecon. La plenkreskuloj, kiuj same staris en la vico, ĉiuj donis al mi iom el siaj aĉetaĵoj, por ke mi ne bezonu iri hejmen kun malplenaj manoj.

La sendependeco de Ukrainio ne estis afero, pri kiu Tatjana aŭ ŝiaj gepatroj entute pensis en la 1990-aj jaroj. Unuavice necesis transvivi, ŝi diras. Ankaŭ en la lernejo oni ne parolis pri tio.

– Miaj gepatroj verŝajne ĉefe malĝojis, ĉar Sovetio disfalis, samkiel multaj. Multaj el miaj amikoj el okcidenta Ukrainio diras, ke la sendependiĝo estis io grava por festi, sed ne estis tiel por ni en Krimeo. La plej multaj instruistoj en la lernejo neniam parolis pri la sendependa Ukrainio, ĉefe oni aŭdis sopirajn veojn pri la perdita Sovetio.

La estonta pastro Mikola Krigin plu militservis en la mara infanterio post la disfalo de Sovetio – la militservo en Sovetio estis dujara, kaj la malapero de la lando mem ne influis tion. Sed iom post iom iĝis ĉiam pli malklare, kiun landon li fakte devas defendi. Ĉu tiu parto de la mararmeo, kiu estis lokita en Krimeo, devus aparteni al Ukrainio aŭ Rusio?

– Eĉ bazaj manĝaĵoj ekmankis, ni havis nur brasikon kaj iom da terpomoj, ĉar neniu sciis, al kiu ni apartenas. Unu bataliono ĵuris fidelon al Ukrainio jam antaŭ decembro 1991, sed ĝi estis rapide disigita. La infanterianoj estis senditaj al konstru-batalionoj. Tiam mi pensis, ke daŭros longe ĝis vera sendependo, sed mi malpravis.

La sendependo de la tri baltiaj landoj estis oficiale rekonita de Sovetio jam en septembro 1991, kaj post tio la maraj infanterianoj el Estonio, Latvio kaj Litovio ne plu volis servi en la floto de Sovetio, diras Mikola.

– Mi memoras, ke dum kontrolo de la trupoj unu ulo diris, ke li estas civitano de alia lando, ke li ne plu devas obei ordonojn. La oficiroj provis skoldi lin, sed li diris nur: "Ni nun estas sendependaj, donu al mi miajn dokumentojn, mi veturos hejmen." Ni aliaj komprenebe enviis lin.

Mikola mem ne povis diri, ke li fajfas pri ĉio kaj veturas hejmen, ĉar li ja jam estis en sia hejma lando, Ukrainio. La problemo estis, ke neniu sciis, en la floto de kiu lando li servas.

– Iĝis tiel ke ni estis nenies. La aerdefendaj trupoj, kiuj estis niaj najbaroj, iĝis ukrainaj. Sed neniu venis rakonti al ni, al kiu ni apartenas. Do ni plu militservis obeante niajn ĵuron al Sovetio, kvankam la lando ne plu ekzistis. Ni havis enormajn problemojn pri la liveroj dum la vintro, ni apenaŭ ricevis vintrajn vestaĵojn kaj estis problemo pri la hejtado. Ni devis dormi en eksteraj vestaĵoj, la komandanto klopodis trovi karbon, kaj ni ĉiuj ekhavis pedikojn.

Komence neniu komprenis, de kie aperis la pedikoj.

– Estis terure. Apenaŭ eblis dormi, tre doloris kiam ili mordis. Poste ni komprenis, ke la pedikoj venas de la milita hospitalo, kie oni devis lavi niajn vestaĵojn. Mankis lavpulvoro, homoj en la hospitalo ŝtelis ĝin, kaj la vestaĵoj ne estis bone lavataj. Ni umis per gladilo por mortbruligi la pedikojn. Poste ni trovis grandan ujon, en kiu ni povis kuiri la vestaĵojn.

La konflikto pri la aparteno de la sovetia floto ĉe la Nigra maro daŭris plurajn jarojn. Oni neniam uzis armilojn por solvi ĝin, sed ja okzis pugnobataloj inter grupoj de militservantoj. Oficiroj, kiuj ĵuris fidelecon al Ukrainio estis persekutataj. La urbestro de Moskvo, Jurij Luĵkov, opiniis, ke la urbo Sebastopolo kun sia flotbazo devas aparteni al Rusio. Eĉ la supera ĉambro de la rusia parlamento subtenis la postulon. Nur en 1997 oni subskribis inter-konsenton pri la divido de la floto. Rusio rajtis teni la ĉefan parton de la ŝipoj kaj lui la bazon dum 20 jaroj.

Eĉ pli komplika estis la demando pri la sorto de la sovetia nuklea arsenalo post la disfalo de la lando. Proksimume triono el la nuklej armiloj estis lokitaj en Ukrainio, kiu nun subite iĝis la tria nuklea potenco de la mondo laŭ la kvanto de armiloj, post Rusio kaj Usono. En Ukrainio oni diskutis, ĉu konservi la nuklejn armilojn por certigi la sekurecon de la lando. Post instigo de la internacia komunumo kaj specife Usono, kiu kondiĉis sian ekonomian subtenon je tio, ke Ukrainio seniĝos de siaj nuklej armiloj, Ukrainio en 1994 konsentis fordoni la armilojn. Laŭ la Budapeŝta interkonsento de tiu sama jaro, la tri nuklej potencoj Rusio, Britio kaj Usono promesis respekti kaj protekti la teritorian integrecon de Ukrainio kaj ne uzi perforton kontraŭ Ukrainio aŭ minaci uzi ĝin. Tiun interkonsenton Rusio efektive rubigis jam en 2014 per la anekso de Krimeo.

Por ordinaraj homoj la disfalo de Sovetio kaj la sendependo de Ukrainio ne temis unuavice pri tio, kio okazos al la sovetiaj long-distancaj misiloj en Ukrainio aŭ al la ŝipoj de la Nigramara floto. Subite ĉio iĝis kaoso kaj neniu sciis plu, kion la estonto enhavos. La atendoj estis enormaj kaj la seniluziiĝo granda, kiam la disfalo de Sovetio ne tuj kondukis al pli alta vivnivelo – sed al senlaboreco, ekstrema inflacio, ĝenerala malordo, organizita krimo kaj riĉegaj oligarkoj, kiuj alproprigis la komunajn posedaĵojn.

En 1993 Mikola finis sian militservon en la neniesa floto kaj revenis hejmen al la regiono de Ivano-Frankivsk en okcidenta Ukrainio. Tiam la lando estis en stato de libera falo.

- Estis kompleta disfalo. La sovetiaj entreprenoj estis arte-
faritaj. Ili ne eltenis konkuradon, sed kolapsis. Ĉe ni estis entre-
preno, kiu fabrikis terkulturajn maŝinojn. Multaj laboris tie. Sed
la fabriko estis fermita, ĉar neniu volis aĉeti tiujn traktorojn aŭ
ŝovelmaŝinojn. Ili ja ne funkciis, oni devis daŭre riparadi ilin. Pli
frue oni sendis ilin al Kubo aŭ aliaj landoj, kiuj akceptis ilin kiel
donacojn.

Kiam la ŝtato ne plu pagis salajrojn kaj liveris krudmaterialojn
je subvenciitaj prezoj, la sistemo kolapsis. La entreprenoj estis
prirabitaj de la estroj, laboristoj kaj la rapide kreskanta organizita
krimularo. La vendado de krudmaterialoj al eksterlando rapide
multigis la dolarajn milionulojn.

Por ordinaraj homoj vera mono ne plu ekzistis, nur "kuponoj",
kiujn la ukraina centra banko presis anstataŭ la malnovaj, sovetiaj
rublaj monbiletoj. La plej alta valoro unue estis 1 000 kuponoj,
baldaŭ 100 000 kuponoj, kaj fine oni eldonis bileton, kiu valoris
milionon da ukrainaj kuponaj rubloj, kun portreto de la nacia
poeto Taras Ŝevĉenko. Sede multaj el tiuj, kiuj plu havis laboron,
tute ne ricevis kuponojn – anstataŭe la salajro estis pagata en varoj.

Mikola rakontas pri sia patrino, kiu estis instruisto.

- Ŝian salajron oni pagis en brando. Ĝi komprenable venis de
la alkoholfabriko, ili veturigis amason da kestoj al la lernejo por
pagi la instruistojn. Antaŭe ja estis komplete malpermesite havi
brandon en la lernejo, dum la alkoholmalpermeso de Gorbaĉov
oni eĉ dum festaj okazoj ne rajtis havi ŝaŭmvinon, tio estis
komplete malpermesita. Kaj jen oni komencis disdoni brandon
al la instruistoj. Tio estis ŝoka por mia patrino, sed ŝi jam estis
proksima al la pensia aĝo.

La patro de Mikola laboris ĉe la fervojo, kaj ricevis sian salajron
en la formo de tegmentaj platoj, kiujn li bezonis por ripari la
tegmenton de iu neloĝeja konstruaĵo en la korto. Mikola mem
trovis laboron ĉe entrepreno, kiu riparis fridaparatojn, sed la
salajron oni pagis en sukero.

- Kiam mi devis veturi al la laboro, mi ne sciis, kiel mi pagu. Ĉu
mi ŝutu al la ŝoforo manplenon da sukero? Estis kvin kilometroj,

sed mi marŝis. Ĉio rompiĝis, ĉiuj entreprenoj. Poste komencis aperi novaj, la komerco evoluis. Ni transvivis, sed tiu periodo por multaj estis ege malfacila. Multaj komencis drinkegi. Multaj iĝis alkoholuloj, perdis la hejmon, infanoj restis surstrate sen prizorgo kaj estis portitaj ĉi tien, al la internulejo.

La lernejo en Buĉa, kie Mikola laboras kiel instruisto de religio kaj filozofio, nun estas tute ordinara baza lernejo. Sed en la 1990-aj jaroj ĝi plu restis internulejo por infanoj sen prizorgo, la financado estis malbona kaj subite multaj infanoj bezonis helpon.

– Mi ja ne laboris ĉi tie tiam, sed nia antaŭa ĉefo jes. Li diris, ke ĉiuj, kiuj matene venis al la laboro, devis kunporti panon, por ke la infanoj havu ion por manĝi. Kiam estis memortago de forpasintoj, kiam homoj dismetas dolĉaĵojn sur tomboj, la infanoj kuris en la tombejon por kolekti la bongustaĵojn kaj manĝi ilin.

Olena Holiŝeva en Lviv memoras, ke la etoso en la urbo komence estis eŭforia, kiam Ukrainio iĝis sendependa. Sed rapide la ĉiutago revenis.

– Estis pli komplike ol oni komence kredis. Estas iom malĝojige, sed ni ja kunportis grandan pecon de Sovetio en la novan, sendependan Ukrainion. Kaj ja ne povis esti alimaniere, ĉar ni ja ne iĝis novaj homoj en tiu jaro. Estis la samaj malnovaj homoj kiel en Sovetio. Sed baldaŭ ni komprenis, ke ĉio nun dependas nur de ni mem.

Lviv situas proksime al la limo kun Pollando. Multaj baldaŭ komencis gajni monon aĉetante vestaĵojn kaj aliajn varojn eksterlande kaj vendante ilin hejme, por kontentigi la grandegan postuladon, akumuliĝintan dum multaj jaroj. Tiuj novaj komercvojaĝantoj estis ofte alte edukitaj homoj, kiuj perdis siajn postenojn kaj bezonis vivteni la familion, Olena diras.

– Fabrikoj fermiĝis, esplorinstitutoj fermiĝis… Kompreneble ni ĉiuj estis milionuloj, ni havis tiujn paperajn slipetojn, sed ili ja valoris nenion. Krome estis tuta aventuro entute sukcesi aĉeti ion ajn en la butiko, estis nenio, aŭ se estis sapo, oni vendis maksimume du pecojn al unu persono. Tiam multaj komencis veturi al eksterlando por porti aĵojn de tie.

Dum la jaroj 1991–1997 la suma nacia produkto de Ukrainio falis je 60 procentoj. Fine de la jardeko nur du procentoj el la loĝantaro en enketo diris, ke ili bone statas finance. La plej multaj apenaŭ havis monon por manĝaĵoj. La kvanto de mortoj kreskis, la kvanto de naskoj ŝrumpis, kaj kombine kun elmigrado tio kaŭzis, ke la loĝantaro dum dek jaroj malkreskis de 51 milionoj al 48 milionoj.

Dum ekonomie la 1990-aj jaroj estis tre pezaj por la plej multaj en Ukrainio, ili samtempe estis periodo, kiam ĉio iĝis permesata. En bono kaj malbono. La organizita krimo disvastiĝis senpune. Sed ordinaraj homoj apenaŭ rimarkis tion, Olena diras.

– Oni ofte diras, ke la 1990-aj estis krima epoko. Krimuloj ĉiam ekzistas, kaj nun ili ekhavis grandan liberecon. Sed mi ne povas diri, ke mi persone rimarkis tion. Certe oni legis en la gazeto, ke aferoj okazis, sed ja ne estis tiel, ke oni ĉie vidus banditojn.

Dum la unua jaro de la sendependo, 1992, la inflacio estis taksita je 2 500 procentoj. En la sekva jaro ĝi kreskis al pli ol 10 000 procentoj. La registaro bremsis merkatajn reformojn. Kiam ŝtataj entreprenoj estis privatigataj, ili ne malofte trafis en la manojn de la "ruĝaj direktoroj" – iamaj sovetiaj entreprenestroj, kiuj per manipuloj sukcesis havigi al si mem la entreprenojn, kiujn ili estris. En posta fazo granda parto de la posedaĵoj, samkiel en Rusio, koncentriĝis en la manoj de kelkaj oligarkoj – riĉegaj komercistoj, kiuj per kontaktoj, korupto kaj intrigoj havigis al si enorman potencon en la lando. Tiun potencon ili en Ukrainio sukcesis teni multe pli longe ol la rusiaj oligarkoj en Rusio, kie Vladimir Putin komplete subigis al si la oligarkojn jam en la komenco de la 2000-aj jaroj.

Spite la potencon de la oligarkoj, la evoluo de la ekonomio ankaŭ en Ukrainio turniĝis al kresko fine de la 1990-aj. Grava turniĝo estis la valutreformo aŭtune de 1996, kiam la lokon de la kuponaj rubloj prenis vera propra valuto, la hrivno. Oni ricevis unu hrivnon kontraŭ 100 000 kuponoj. La milionrublan kuponon oni povis ŝanĝi kontraŭ novpresita dekhrivna monbileto, kaj la multaj nuloj malaperis de la prezetikedoj.

– La vivo iĝis pli facila por ordinaraj homoj, kaj ni ricevis veran monon. Sed kio savis nin en la 1990-aj jaroj, tio estis la laboro. Kiam oni laboras, oni havas aliajn aferojn por pripensi, krom ĉiuj problemoj, diras Olena.

Julia Ŝatoĥina, kiu nun estras la rifuĝejon en Arena Lviv, memoras, kiel peza la vivo en Doneck en la plej orienta parto de Ukrainio estis dum la unuaj jaroj de la sendependo.

– Miaj gepatroj ne perdis siajn postenojn, sed venis tempo, kiam la grandaj entreprenoj simple ĉesis pagi la salajrojn. Mia patro estis ministo, li estis sen salajro plurajn monatojn. Li ne povis trovi laboron, por kiu oni pagus monon. Dum kelkaj jaroj ni nur pene supervivis. Nun malfacilas tion imagi, sed dum unu vintro mia familio kaj la familio de miaj gepatroj devis loĝi en la sama apartamento por ŝpari monon, kaj la tutan vintron ni manĝis nur terpomojn, makaroniojn kaj konservitajn legomojn de nia propra kultiv-parcelo.

Kiam Julia mem finis la universitatajn studojn, ŝi tute ne imagis, kie eklabori, por ricevi salajron kiu sufiĉus por normala vivo.

– Estis terure malfacila periodo. La organizita krimo tiam rapide evoluis kaj fine transformiĝis al grandskala entreprenado. Ni tion vidis, kaj komprenis, ke en tiu tempo gajni multe da mono eblis nur kontraŭleĝe. La tempo estis tia.

La kolego de Julia – Eduard, kiu fuĝis el Mariupol – opinias, ke la sendependo en la komenco estis nura iluzio. Li estis dekdujara lernejano en Makijivka apud Doneck, kiam Sovetio ĉesis ekzisti. Li memoras, ke la instruisto de historio parolis pri tio en la klasĉambro.

– Estis sento de digno, ni iĝis sendependaj, ni ekhavis propran landon. Sed en la korto kreskis la samaj arboj, oni iris al la sama butiko. Eĉ la mono en la komenco estis la sama. Esence ni vere iĝis sendependaj nun, pro ĉi tiu milito. Tiam ŝanĝiĝis nenio. Nu jes, la flagoj, kaj oni ŝanĝis la legitimilojn. Sed la plej granda ŝanĝo, tio estis la prezoj.

Estis periodo, kiam la mono apenaŭ sufiĉis por nutraĵoj, diras Eduard. Li memoras, kiel li kaj lia frato kalkulis la varenikojn – pastajn poŝetojn kun terpoma plenigaĵo – kiujn ili ricevis hejme. – Ni eĉ batalis pri ili. Nu, eble ne tute serioze, sed efektive ni preskaŭ ne havis sufiĉe da nutraĵoj por satmanĝi. Estis tre malfacila tempo. Ni ne havis monon por aĉeti vestaĵojn, eĉ ne kroman paron de ŝtrumpetoj. Unuflanke estis neniuj por aĉeti, aliflanke ni ankaŭ ne havis monon. Oni devis ŝtopadi la ŝtrumpetojn. Kiam mi estis studento, mia ŝuplandumo krevis duonvoje al la altlernejo. La distanco estis tri kilometroj. Mi turniĝis, marŝis hejmen kaj iel-tiel kunkudris la plandumon per ŝnureto. Ni estis ege malriĉaj. Poste iom post iom la aferoj komencis pliboniĝi.

Precipe unu aferon la regantoj de Ukrainio en la 1990-aj jaroj devus fari alimaniere, Eduard diras.

– Kuêma fordonis niajn nukleajn armilojn, kaj tial ni nun havas militon. Tion oni devus ne fari. Rusio neniam atakus nin, se ni povus respondi per nukleaj armiloj. Nun ili venas ĉi tien kaj diras ke ĉio estas ilia. Kaj ili prenis Mariupol.

La iama instruisto Olha fuĝis el la okupita Doneck jam en 2014, kaj nun loĝas en Lvivo. Sub la pseŭdonimo Olha Doneĉĉanka (Olga Doneckano) ŝi verkis rakontojn pri siaj spertoj en la okupita Donbaso. Sian propran nomon ŝi ne volis uzi, por ne kaŭzi riskon al siaj kontaktuloj.

Ŝi fuĝis kun la familio, kiam anonima voĉo en la telefono, supozeble iu el ŝiaj antaŭaj lernantoj, vokis por averti ŝin, ke la nomo de ŝia estro estas en la nigra listo de la separistoj.

– Li diris, ke ili eble volas pridemandi mian edzon, aŭ konfiski lian entreprenon, ĉar li apogis Ukrainion kaj kontraŭis la ŝanĝojn. Tio validis ankaŭ pri mi, kaj ni malferme parolis pri tio, kion ni opinias. Ni tiam ne timis Rusion, ni pensis ke estos kiel en Ukrainio, ke ni povus diri, kion ni opinias.

Antaŭ la sendependo Olha apenaŭ pensis pri tio, ke ŝi loĝas en Ukrainio.

– Mi estis sovetia infano, ni estis internaciistoj. En la vilaĝo ni parolis la ukrainan, sed en la urbo mi parolis la rusan. Estis nenio stranga pri tio, la aferoj simple statis tiel.

En la 1990-aj jaroj almenaŭ en Doneck oni ne multe pensis pri tio, kion efektive signifas la sendependo de Ukrainio, ŝi diras.

– Ni iĝis veraj ukrainianoj nur en 2014. Aŭ ne, tamen iom pli frue, ĉar mi kaj mia edzo komencis veturadi eksterlanden, nia entrepreno ebligis tion. Mia edzo origine estis esploristo, mi estis lerneja instruisto, ni ne havis grandajn enspezojn. Sed ni fondis malgrandan entreprenon, kaj ekde la komenco de la 2000-aj jaroj ni komencis veturadi. Tiam ni malkovris, ke ni estas civitanoj de Ukrainio, ke ni estas iom malsamaj ol la rusoj kiujn ni renkontadis eksterlande. Eĉ se ni parolis ruse.

Tuj post la sendependiĝo la loĝantoj de Ukrainio estis sovetiaj homoj, opinias Olha. Precize kiel la rusianoj. Sed poste la evoluo iris en disaj direktoj, kaj precipe post la komenco de la nova jarmilo la diferencoj iĝis rimarkeblaj.

– Ni havis amikojn en Rusio, ni vizitis ilin kaj vidis, ke ni estas pli liberaj. Ili en tiu tempo eble havis pli da mono ol ni, sed ni estis pli liberaj. Ili ne kredas, ke ili povas influi ion ajn, ĉio estas kiel ĝi estas. Ni en Ukrainio ĉiam estas sufiĉe skeptikaj rilate niajn politikistojn, ni klopodas ŝanĝi aferojn. La rezulto eble ne ĉiam iĝas bona, ni eble foje estas tro kritikaj al la politikistoj, sed tio ja estas demokratio.

Oksana, kiu komence de la milito restis en la sieĝata Mariupol por prizorgi sian maljunan, vunditan patron, ne opinias, ke la sendependiĝo de Ukrainio havis apartan signifon por ordinaraj homoj. De tiu tempo ŝi ĉefe memoras sian divorcon.

– Mi devis elturniĝi sola kun malgranda infano. La salajroj estis malaltaj, ĉio en la butiko estis kosta. Krome necesis pagi la luon de apartamento kaj la infanvartejon. Tio estis vere malfacila por solulo.

Multaj esperis, ke la vivo iĝos pli bona, kiam Ukrainio sendependiĝis en 1991, sed apenaŭ io ŝanĝiĝis, diras Oksana. Kaj kiam ŝi nun pensas pri la unua tempo post la sendependiĝo, ne temas unuavice pri la nacia suvereneco de Ukrainio, pri la Nigramara militŝiparo aŭ la nuklea arsenalo – sed pri fridujo, kiun ŝi aĉetis partapage.

– En la soveta tempo la kreditoj estis malsamaj, tiam ne estis interezo. Kaj tiam oni riparis la aparatojn. Kiam mi aĉetis la novan fridujon, ĝi rompiĝis dum la garantia periodo, sed oni asertis, ke la paneo ne estas kovrata de la garantio. Poste oni fine konsentis, ke temis pri fabrika miso, kaj mi ricevis novan fridujon. Sed ankaŭ ĝi rompiĝis, kaj evidentiĝis, ke por ŝanĝi la motoron oni devas malmunti la tutan fridujon. Tiel ke apenaŭ iĝis pli aŭ malpli bone post la sendependiĝo, ĉio restis proksimume kiel antaŭe.

Tio eble ne tuj evidentis al ĉiuj, sed rapide post la disfalo de Sovetio la politika evoluo en Ukrainio turniĝis en tute alia direkto ol en Rusio. Samkiel multloke en orienta Eŭropo post la falo de la komunismaj diktaturoj, en ambaŭ landoj estiĝis konflikto inter la parlamento kaj la prezidento. La maniero solvi la konflikton estis grava indiko pri la diferenco inter la du landoj.

En Rusio Boris Jelcin post la aŭgusta puĉo en 1991 en la praktiko ricevis liberajn manojn por regi la landon. Tamen baldaŭ la parlamento ekmalkontentis. Ĝi provis bremsi la radikalajn reformojn, kiujn Jelcin volis entrepreni, kaj forpreni liajn esceptajn potencojn, kiujn oni donis al li post la puĉo. En aprilo 1993 la rusianoj en referendumo voĉdonis pri tio, ĉu oni aranĝu kromajn elektojn. La majoritato volis tuj elekti novan parlamenton, sed permesi al la prezidento regi ĝis la fino de la ordinara mandatperiodo.

La parlamento ne akceptis la rezulton, kaj la konflikto akriĝis. Por atingi kompromison Boris Jelcin fine anoncis, ke li konsentos pri frua prezidenta elekto, se la parlamento konsentos pri frua parlamenta elekto. Sed la parlamento ignoris lin. La 21-an de septembro Jelcin eloficigis la parlamenton – kvankam li laŭ la konstitucio ne havis la rajton tion fari. La parlamento respondis per decido pri eloficigo de Jelcin, kaj elektis propran prezidenton.

Diskutoj pri kompromisa solvo daŭris ĝis la 3-a de oktobro, kiam armitaj subtenantoj de la parlamento unue atakis la policon kaj poste provis kapti la televidan centron en Ostankino. La elsendoj estis interrompitaj kaj 46 homoj pereis. Boris Jelcin respondis uzante la armeon, kiu post ioma hezito ĉi-foje, male ol en 1991, helpis perforte dispeli la parlamenton. La tuta mondo en rekta elsendo vidis la tankojn grupiĝi sur la ponto trans la rivero Moskva kaj laŭvice pafi la suprajn etaĝojn de la parlamentejo, ĝis la restantaj ribelantoj kapitulacis. La suma kvanto de pereintoj en la konflikto estis 147. La rezulto estis, ke la potenco en Rusio ĉiam pli koncentriĝis en la manoj de la prezidento, laŭ la nova konstitucio, kiu estis aprobita en nova referendumo en decembro 1993.

En la prezidenta elekto en 1996 ĉiuj rimedoj de la ŝtato estis disponigitaj por certigi, ke Jelcin restu prezidento. Li alianciĝis kun la potencaj oligarkoj, kiuj esperis post la elekto plu kreskigi siajn posedaĵojn kaj konservi sian decidan influon en la politiko. Tio komence sukcesis – sed samtempe ili fosis sian propran tombon. Ili kontribuis al la fortikigo de sistemo, kie la prezidento havas ĉiun potencon kaj en la praktiko estas neforigebla. Rusio elektis sian vojon, kaj baldaŭ la sekva prezidento montros al la oligarkoj ilian lokon.

Simila konflikto inter la branĉoj de la nova politika sistemo rapide estiĝis ankaŭ en Ukrainio, sed ĉi tie ĝi estis solvita pace.

Samkiel en Rusio, ankaŭ en la sendependiĝinta Ukrainio la parlamento estis restaĵo de la soveta sistemo – ĝi estis elektita en 1990 kaj grandparte konsistis el eksaj komunistoj, kiuj klopodis adaptiĝi al la novaj realaĵoj. La konstitucio estis de la jaro 1978. Eĉ se grandaj ĝustigoj estis faritaj post la disfalo de Sovetio, esence la teksto estis verkita por unupartia ŝtato. La difinoj de la kompetentoj de la prezidento, parlamento kaj ĉefministro estis malklaraj.

En Ukrainio la neevitebla konflikto inter la parlamento kaj la prezidenta potenco akriĝis dum 1993 – proksimume samtempe

kiel en Rusio. En Ukrainio krome estis tria ludanto – la ĉef-
ministro Leonid Kuĉma, kiu postulis, ke la parlamento donu al
li eksterordinaran decidrajton por ke li povu solvi la profundan
ekonomian krizon de la lando. Parto el la prezidenta kompetento
efektive estis transdonita al li, sed sen utilo – la krizo nur akriĝis.
La ekiga faktoro por la akuta krizo estis ampleksa minista striko en
orienta Ukrainio, ankaŭ ĝi sekvo de la grava ekonomia krizo. La
hiperinflacio kaŭzis ke la salajroj, se ili entute estis pagitaj, rapide
perdis sian valoron. La ministoj postulis interalie la demision de
prezidento Kravĉuk – sed ankaŭ aŭtonomion por la regiono de
Donbaso. Perfortan solvon oni ŝajne neniam serioze konsideris. Ansta-
taŭe oni unue trankviligis la ministojn, donante al la populara
urbestro de Doneck la postenon de vicĉefministro. Post multaj
komplikaj turniĝoj la krizo fine estis solvita per intertraktadoj,
kiuj kondukis al decido pri novaj elektoj kaj al la parlamento kaj
al la prezidenta posteno, kiuj okazu en 1994.

Ankaŭ Ukrainio elektis sian vojon. Diference de Rusio, neniu
sukcesis monopoligi la potencon – anstataŭe oni atingis kompro-
misan solvon inter la diversaj centroj de la potenco. La vojo al la
kompromiso estis komplika kaj kaosa, neniu fine iĝis tute kon-
tenta, sed ĝisplue ĉiuj partoj povis akcepti la interkonsenton. Kaj
precize tiel ukraina politiko funkcias ekde tiam: kaoso kaj kom-
promisoj.

La prezidenta elekto en Ukrainio en 1994 iĝis epokfara, ĉar la
sidanta prezidanto malgajnis, akceptis la elektorezulton kaj for-
lasis la postenon. Io tia neniam okazis en Rusio, sed en Ukrainio
tio iĝis pli regulo ol escepto. Nur unu prezidento de Ukrainio ĝis
nun oficis pli ol unu mandatperiodon – la eksa ĉefministro Leonid
Kuĉma, kiu gajnis la elekton en 1994.

La prezidenta elekto iĝis precedenca ankaŭ en alia maniero.
Unuafoje oni klare vidis la regionan dividon, kiu dum la sekvaj
dudek jaroj havos gravan rolon en la politiko de Ukrainio: oriento
kontraŭ okcidento. La sidanta prezidanto, Leonid Kravĉuk, venis
el okcidenta Ukrainio kaj gajnis la unuan voĉdonadon, ricevinte

38 procentojn el la voĉoj. En la dua voĉdonado oni elektis inter li kaj la antaŭa ĉefministro Leonid Kuĉma, kiu ricevis 52 procentojn el la voĉoj kaj la subtenon de la tuta orienta parto de la lando. Plej fortan subtenon Kuĉma havis en la provinco de Doneck, kie li ricevis 88 procentojn el la voĉoj, dum 94 procentoj el la loĝantoj de la Lviva provinco voĉdonis por Kravĉuk.

Ambaŭ pli frue apartenis al la sovetia komunista elito, sed Kuĉma havis pli da kliniĝo al merkataj mekanismoj, kaj li fine sukcesis stabiligi la ekonomion de la lando. La hiperinflacio falis al pli normalaj ciferoj jam dum liaj unuaj du jaroj en la potenco, kaj en 1996 oni povis entrepreni la valutreformon, kiu forigis la strangajn monkuponojn kun multaj nuloj.

Jelena el Lisiĉansk, la instruisto de kemio, kies duona vizaĝo estis detruita de grenadeksplodo, memoras, ke la vivo denove iĝis iom pli stabila meze de la 1990-aj jaroj, proksimume kiam la kuponojn anstataŭis veraj monbiletoj. Kaj ŝi ja opinias, ke demokratio kaj liberaj elektoj gravas. Sed ne ĉiam liberaj elektoj kondukas al pli bona vivo por la homoj, ŝi diras. Tamen revolucioj eĉ pli malbonas, ŝi aldonas.

– Mi mem estis oficisto dum kelkaj elektoj, kaj mi vidis, ke ne okazis fuŝoj. Do mi ja opinias, ke la elektoj okazis juste. Ni mem elektis, sed ĉiu prezidento estis pli malbona ol la antaŭa. Tion mi opinias. Do eble ni meritas kion ni havas, ni ja mem elektis ilin.

Anja el Ĥarkivo antaŭ la milito laboris en sukeraĵejo. Nun ŝi loĝas en Arena Lviv kun sia baldaŭ okjara filino kaj foje laboras en la manĝejo. Ŝi multe pli ŝatis Ĥarkivon ol Lvivon – estis verda urbo, kie estis agrable promeni kun la filino. Sed kiam la milito komenciĝis, ne eblis resti tie kun infano, ŝi diras.

Ŝi mem naskiĝis en 1985 kaj do kreskis en sendependa Ukrainio. Nur kelkaj etaj memoroj restas de la soveta tempo.

– Miaj patro kaj avo ambaŭ estis militistoj. Patro laboris en flugbazo, kaj mi memoras, ke li ofte portis hejmen ĉokoladajn kuniklojn. Ili staris en vico sur la breto, panjo starigis ilin tie, la kuniklojn de la tuta semajno. Sed mi formanĝis ilin en kelkaj tagoj. Iun someron mia filino petis, ke mi aĉetu al ŝi tian kuniklon. Ni ĉirkaŭiris en diversaj superbazaroj en Ĥarkivo, sed tiaj ne estis, mi ne povis trovi similan. Tiuj, kiuj estis, ne same bongustis.

Anja komencis la lernejon en la sama aŭtuno, kiam Ukrainio sendependiĝis. Tion, kion ŝi scias pri Sovetio, ŝi ĉefe aŭdis de siaj gepatroj, kiuj opinias, ke multaj aferoj estis pli bonaj tiam. Eble tio veras, Anja diras, sed ŝi volas plu vivi en sendependa lando.

– Ukrainio estas sendependa, dank' al Dio, kaj mi vere esperas, ke ĝi restos tia. Iuj ja volas al Rusio, sed mi ne povas eĉ pensi pri tiu lando post ĉio, kion ili faris al niaj infanoj, al nia popolo. Tio estas horora. Ili daŭre militas kontraŭ ĉiuj kaj ne volas ke ni vivu pli bone. Sed Ĥarkivo estas multe pli bona ol ilia Moskvo. Ĥarkiv estis bela, pura kaj orda urbo.

Por Anja la sendependo signifas, ke ukrainoj mem rajtu decidi, ke ili ne devu havi la saman prezidanton dum dudek jaroj, kiel en Rusio.

– Ĉe ni ne estas kiel en Rusio. Kaj se io al ni ne plaĉas, tiam la tuta Ukrainio leviĝas, iĝas majdano kaj ni ŝanĝas ĉion. Estas nia Ukrainio kaj ni volas mem decidi.

Ĵurnalisto sen kapo

2000

La korpo estis trovita la 3-an de novembro en arbareto sepdek kilometrojn sude de Kijivo. La kapo mankis kaj la korpo estis pritraktita per acido, kredeble por igi ĝin malpli facile identigebla. Kraniaj fragmentoj, kiuj supozeble devenas de la korpo, estis trovitaj nur naŭ jarojn poste, en alia loko.

Baldaŭ ĉiukaze evidentiĝis, ke la korpo apartenas al la ĵurnalisto Georgij Gongadze, kiu malaperis ses semajnojn pli frue. La murdo iĝis decida okazaĵo en la moderna historio de Ukrainio, kaj kontribuis al la oranĝkolora revolucio, kiu okazis kvar jarojn pli malfrue.

Gongadze estis la fondinto de la reta gazeto *Ukrajinska Pravda*, kiu restas unu el la plej bonaj novaĵretejoj en Ukrainio. Li iĝis 31-jara, kaj lia vivovojo povas ŝajni tro drame nekredebla eĉ por detektiva filmo.

Gongadze naskiĝis en Tbiliso en la Kartvela soveta respubliko, kiel filo de ukraina patrino kaj kartvela patro. Ili renkontiĝis dum la studoj en Lvivo. En sia junaĝo Georgij Gongadze estis elita sportisto kaj en la rezervo de la sovetia olimpika teamo por kurado de 100 kaj 200 metroj. Li estis akceptita por universitata eduko pri la angla lingvo en Tbiliso, kio ordinare liberigus lin de la militservo. Tamen en la fino de la 1980-aj jaroj Sovetio bezonis multajn rekrutojn pro la longa kaj sanga milito en Afganio, kaj la escepto por universitataj studentoj estis nuligita. Gongadze faris sian dujaran militservon ĉe Sovetia limo kontraŭ Irano. Lia patrino rakontis, ke ŝi devis subaĉeti iun por ke la filo ne estu sendita al Afganio.

En masakro en la centro de Tbiliso en aprilo 1989 sovetiaj trupoj per militistaj fosiletoj mortigis 21 senarmilajn manifestaciantojn. Se la celo estis haltigi la kreskantan kartvelan movadon por sendependo, la rezulto estis la mala. Kiam Georgij Gongadze elarmeiĝis unu monaton pli malfrue, lia patro Ruslan Gongadze ĵus iĝis la gvidanto de la movado "Por libera Kartvelio". La filo iĝis la publika parolisto de la movado, kaj veturis interalie al Ukrainio por serĉi subtenon por la sendependo de Kartvelio. Tie li renkontis Marina Stecko. La paro geedziĝis kaj eklogĝis en Lvivo, kie Georgij vivtenis sin kiel instruisto de la angla kaj sporto.

Lige kun la disfalo de Sovetio en la nove sendependiĝinta Kartvelio disvastiĝis kaoso, kiu kreskis ĝis interna milito. Georgij Gongadze revenis hejmen kaj helpis transporti vunditojn al hospitalo, dum bataloj daŭris en la stratoj de la ĉefurbo. Kiam li revenis al Lvivo en januaro 1992, li eksciis, ke lia edzino intertempe forlasis lin. Post iom pli ol jaro mortis lia patro pro kancero, en la aĝo de 49 jaroj, en Kijivo, kien li venis por kuracado.

En septembro 1993 Gongadze denove revenis al Kartvelio, ĉi-foje por sepulti sian patron. La interna milito nun daŭris en Abĥazio, kie parto de la loĝantaro volis sendependiĝi de Kartvelio. Gongadze veturis al la fronto por fari dokumentan filmon pri la milito, sed kiam li alvenis, li anstataŭe estis rekrutigita en la kartvela armeo. Baldaŭ poste li estis grave vundita en grenada eksplodo. Du militistoj apud li pereis, lin savis la kasko.

La vundita Gongadze estis transportita reen al la ĉefurbo Tbiliso. Tie li estis lokita en la hospitalo, kie laboris lia patrino. Ŝi prizorgis la filon, kaj iel sukcesis kolekti rimedojn por resendi lin al Ukrainio. Ŝi mem havis neniom da mono. La laborantoj de la hospitalo ne ricevis salajron post 1991.

En la mezo de 1990-aj jaroj Gongadze renkontis Miroslava Petriŝin, kiu iĝis lia dua edzino. Li laboris kiel politika komentisto en ukrainaj radio kaj televido, kaj akre kritikis la ĉiam pli aŭtoritatisman politikon de prezidento Leonid Kuĉma, la potencajn oligarkojn kaj la limigojn de la esprimlibero.

En aprilo 2000 li fondis la novaĵ-retejon *Ukrajinska Pravda*. En junio de la sama jaro li skribis nefermitan leteron al la ŝtata prokuroro, en kiu li asertis, ke la sekurservo SBU persekutas lin kaj lian familion kaj disvastigas famojn, laŭ kiuj li estas serĉata pro murdo.

La 16-an de septembro 2000 li malaperis.

Ivan Gomza estas 38-jara politika sciencisto en Kijivo. Kiam la senkapa korpo de Gongadze estis trovita en la arbaro, li estis deksesjara kaj frekventis la antaŭlastan klason de la lernejo. Li bone memoras la okazaĵon kaj trovas ĝin politika turnopunkto.

– Tiam, en la fino de la 1990-aj, Ukrainio kaj Rusio elektis malsamajn vojojn, li diras.

Ni renkontiĝas en la centro de Kijivo, ekster la metrostacio Zoloti Vorota, Ora Pordego. Antaŭ mil jaroj Jaroslavo la Saĝa konstruigis la urban pordegon, kiu devis pensigi pri samnoma pordego en Konstantinopolo. Plej supre sur la pordego staris preĝejo, por montri, ke Kijivo estas kristana urbo. La pordego estis grandparte detruita de la mongoloj en la 1200-aj jaroj. Kiam en la 1980-aj jaroj oni planis la solenadon de la 1500-jara jubileo de Kijivo, la ruinoj estis transformitaj al moderna rekonstruaĵo de la iama pordego.

Estas varma, suna aŭtuna tago. Apud la Ora Pordego, ĉe la statuo de Jaroslavo la Saĝa, homoj laŭkutime staras kaj aŭskultas stratan muzikiston. La statuo mem tamen ne videblas – ĝin kovras fortikaĵeto el tabuloj, kiuj celas protekti la grandan princon de Kijivo kaze de bombardado.

La matena aerataka alarmo jam pasis, kaj multaj homoj promenas en la bela vetero. Ni marŝas laŭ Jaroslaviv Val, mallarĝa, centra strato, kiu parte sekvas la malnovan urban remparon, kaj kiu ricevis sian nomon laŭ Jaroslavo la Saĝa. Peze armitaj militistoj, anstataŭ la ordinaraj policanoj, gardas la ambasadon de Pollando, sed cetere oni apenaŭ rimarkas la militon. La trotuaroj estis repavimitaj post kiam mi loĝis ĉi tie antaŭ tri jaroj – tiam mi laboris tuj apude, en la ambasado de Svedio. Sur la nove asfaltita strato aperis ruĝa bicikla vojo. Sur la trotuaro oni tamen plu devas atenti la rapidantajn elektrajn skutilojn.

Ni prenas po tason da kafo kaj sidiĝas sur la teraso ekster la bakejeto, kie mi kutimis aĉeti panon preskaŭ ĉiutage post la laboro. Ĉio similas – krom ke estas milito.

Ivan mem fuĝis al Lvivo kun sia edzino, dujara filino, gepatroj kaj kato tuj kiam la milito komenciĝis. Unue liaj gepatroj tamen ne volis veturi ien ajn.

– Mia patro estas jam en la pensia aĝo, sed li plu laboras. Li estas inĝeniero en la aviadila fabriko Antonov. Li diris, ke li intencas veturi al la laboro kaj ne fuĝi.

Ivan kaj lia edzino decidis, ke ili ĉiukaze forlasos la ĉefurbon. Ili aĉetis trajnbiletojn, sed klopodis samtempe kolekti manĝorezervon, kaze ke ili ne sukcesus veturi.

– Estis kaosa tago. Mi ĉirkaŭkuris kaj serĉis botelakvon. Mia edzino kuris al la bankaŭtomato kaj staris en la vico tri horojn por elpreni monon. Mi glubendumis la fenestrojn, por ke ili ne disrompiĝu en bombado.

Dum la unua tago de la nova milito la gepatroj de Ivan ŝanĝis la opinion. Ili prenis la aŭton kaj la tuta familio ekveturis okcidenten. En Lvivo loĝas la bogepatroj de Ivan, kaj tie troviĝis apartamento, kiun ili povis pruntepreni.

– Daŭris 32 horojn veni al Lvivo. Ordinare tio daŭras ses horojn per aŭto. Mi la tutan tempon kontrolis la mapon en la reto por eviti la plej terurajn ŝtopiĝojn. Tiam oni ankoraŭ povis vidi tion en la Google-mapoj.

Jam la sekvan tagon Google malŝaltis tiun funkcion en Ukrainio, laŭ peto de la lokaj aŭtoritatoj – oni timis, ke aktualaj trafikinformoj en la mapoj de Google povus helpi la malamikon kompreni, kie okazas militaj transportoj.

– Nur mia patro havas stirpermeson. Li komprenble laciĝis, kaj ni devis tranokti en Vinnicja ĉe parencoj de konato. Ni alvenis je la unua nokte. Ili estis ege afablaj, sed je la kvara nokte, kiam ni ĵus endormiĝis, ili komencis bategi la pordon: "Vekiĝu, estas aerataka alarmo!" Tiu estis la unua tia alarmo en mia vivo. Ni iris en la kelon kaj sidis tie kvar horojn.

Meze de aprilo, kiam la malamiko estis forpelita el la ĉirkaŭaĵoj de Kijivo, la familio komencis konsideri reveturon.

– Mia edzino diris, ke ŝi volas unue mem veturi por kontroli, ke ĉio estas trankvila. Ŝi aĉetis biletojn por la nokta trajno, en tiu direkto facilis trovi bileton. Sed precize kiam ŝi devis veturi, ni eksciis, ke oni bombis Viŝneve, kie ni loĝas, tuj ekster Kijivo. Tie situas la fabriko kiu produktas Neptun-misilojn, nun tio ja ne plu estas sekreto.

La bombado de la fabriko estis la venĝo de Rusio pro la sinkigo de "Moskva", la flagŝipo de la Nigramara floto, per ukrainaj Neptun-misiloj, kiu okazis la antaŭan tagon.

Post plia monato, en la mezo de majo, Ivan kaj lia familio fine trovis, ke estas tempo reveni al Kijivo. Kiam ili venis hejmen, ili malkovris, ke en la apartamento regas plena kaoso. Sed ne okazis rompŝtelo.

– Ni pensis, ke ni lasis ĉion en ordo hejme. Nur kiam ni revenis, ni malkovris, kia pelmelo rezultis de nia pakado. La tago kiam ni forveturis ja vere estis kaosa.

La instruado en la Ekonomia altlernejo de Kijivo, KSE, kie laboras Ivan Gomza, daŭre grandparte okazas distance. Tamen estis pli facile reveni al Kijivo, kie la filino povas vizitadi sian ordinaran vartejon kaj oni ne bezonas dividi apartamenton kun la gepatroj.

Ivan Gomza instruas interalie kurson pri la politika evoluo de Ukrainio. Li trovas multajn similaĵojn en la evoluo de Rusio kaj Ukrainio en la 1990-aj jaroj, sed vidas ke la landoj ekde la fino de tiu jardeko ĉiam pli klare moviĝis en malsamaj direktoj. La murdo de Gongadze en la aŭtuno 2000 kaj la reagoj al ĝi igis tion klare videbla, li diras.

– Oni simple rigardu, kiajn politikajn teknologiojn oni uzis en Rusio en 1996, kiam Jelcin devis esti reelektita. La samajn teknologiojn oni uzis ĉi tie ankoraŭ en 1999.

"Politikaj teknologioj" estas koncepto, kiun oni uzas en Ukrainio kaj Rusio por priskribi strategiojn de potenculoj por teni la potencon kaj pravigi ĝin. Ofte temas pri uzo de la ŝtataj rimedoj por la propra elektokampanjo, tordita propagando kaj kotoĵetado kontraŭ la rivaloj. Ankaŭ elekta fraŭdo, perforto kaj minacoj povas servi kiel "politikaj teknologioj". Kampanjajn laboristojn oni ofte nomas "politikaj teknologiistoj".

Samkiel en Rusio 1996, ankaŭ en Ukrainio la rivalo de la prezidento en 1999 estis komunisto. La ĉefa dekstra rivalo de prezidento Kuĉma, la Ruĥ-estro Vjaĉeslav Ĉornovil, mortis duonjaron antaŭ la elektoj en akcidento, kiam lia aŭto koliziis kun kamiono, kiu staris meze de la vojo. Apogantoj de Ĉornovil asertis, ke tute ne temis pri akcidento, sed pri politika murdo.

La granda danĝero tamen minacis maldekstre. Kaj precize kiel Jelcin en Rusio, ankaŭ Kuĉma havis malfortan subtenon, kiam la kampanjo komenciĝis. Samkiel Jelcin, li sukcesis forturni la atendon disde la ekonomiaj problemoj de la lando, timigante la elektantojn per la minaco de sovetia komunismo, kiu povus reveni.

La maldekstra kandidato, kiu sukcesis pluiri al la dua raŭndo, estis la konservativa komunisto Petro Simonenko, kaj la taktiko de timigo bone funkciis. Kvankam la maldekstraj kandidatoj kune ricevis pli ol duonon de la voĉoj, Kuĉma gajnis la duan voĉdonadon per klara majoritato, 56 procentoj el la voĉoj. Ĉi-foje ne videblis klara divido inter la okcidento kaj oriento sur la mapo de la elektorezultoj. La ruĝa zono, kie la komunisto Simonenko ricevis klaran majoritaton, kovris la centran parton de Ukrainio, Krimeon, kaj la provincojn Ĥerson kaj Luhansk. Kuĉma ricevis la plej fortan subtenon en la okcidento, kie neniu volis subteni komuniston – sed ankaŭ en la ruslingva Doneck.

La elektojn karakterizis minacoj kontraŭ sendependaj amaskomunikiloj. La raportado estis tordita favore al la reganta prezidanto en la ŝtataj amaskomunikiloj, sed ankaŭ en la plej gravaj privataj televidkanaloj, posedataj de oligarkoj – precize kiel en Rusio. Ĉiuj rimedoj de la ŝtato sur tutlanda, regiona kaj loka niveloj estis uzataj por certigi ĝustan rezulton. La kampanjo estis malpura – interalie oni disvastigis falsajn flugfoliojn, kiuj atribuis al opoziciaj kandidatoj polemikajn asertojn, kvankam ili neniam diris ion similan.

Ĉion ĉi kritikis Gongadze jam dum la kampanjo. Lia novaĵ-retejo iĝis grava iritaĵo por la potenculoj. Li mem iĝis senkapa korpo en arbareto.

Post lia morto la opozicia politikisto Oleksandr Moroz – mo-dera maldekstra kandidato, kiu atingis la trian lokon en la ĵusa prezidenta elekto – diskonigis sonregistraĵojn, kiujn unu el la korpgardistoj de Kuĉma sekrete faris en la oficiejo de la prezidento. La registraĵoj malkaŝis, kiel Kuĉma agis malantaŭ la kulisoj por direkti profitajn privatigajn procezojn, akceptis koruptmonon kaj provis silentigi opoziciajn amaskomunikilojn. Ankaŭ Gongadze estis menciita en la registraĵoj – Kuĉma esprimis deziron, ke li estu sendita al la milito en Ĉeĉenio.

Oni neniam pruvis, ke Kuĉma rekte rilatis al la murdo de Gon-gadze, sed la registraĵoj klare montras, ke li ja volis liberiĝi de la ĝena ĵurnalisto.

La murdo, en kombino kun la registraĵoj, funkciis kiel vekilo por kreskanta kritiko kontraŭ la agado de Kuĉma. Opoziciaj polit-ikistoj de la dekstra kaj maldekstra flankoj unuiĝis en kampanjo sub la devizo "Ukrainio sen Kuĉma". La nova meza klaso, kiu komencis formiĝi pro la denove kreskanta ekonomio, postulis finon al la korupto kaj la konformigo de la grandaj amaskomunikiloj, kie kritikantoj de la reganta ordo ĉiam pli malfacile povis aŭdiĝi. En Ukrainio ili sukcesis influi la direkton de la historio, male ol en Rusio – unue per la Oranĝkolora revolucio en 2004, poste per la Revolucio de digno en 2014.

Grava kialo, pro kiu neniu en Ukrainio ĝis nun sukcesis kapti la tutan potencon en siaj manoj estas, ke en Ukrainio ekzistas klaraj regionaj elitoj, kiuj mankas en Rusio, diras Ivan Gomza.

– Kiam ni forlasis Sovetion, Ukrainio kaj Rusio havis fakte tre similajn cirkonstancojn, sed rezultis du ege malsamaj politikaj projektoj. Grava kialo estas, ke en Rusio, spite ke ĝi estas mult-nacia, multetna federacio, estas facile koncentri la potencon. Ni en Ukrainio ĉiam havis konkurantajn centrojn de la potenco. Karpatoj havas siajn politikajn elitojn, same Doneck kaj Luhansk, Kijivo,

Dnipro... Kijivo neniam havis en Ukrainio tian fortan potencon, kian havas Moskvo en Rusio. Sekve en Rusio sufiĉis meti siajn homojn en strategiajn poziciojn en Moskvo por trabati sian volon. En Ukrainio neniam sufiĉas regi Kijivon por regi la tutan landon. Tio signifas, ke oni ĉiam devas kompromisi kaj intertrakti por povi regi, diras Ivan Gomza. Kaj tial estas tre malfacile por unu homo aŭ grupo monopoligi la potencon en Ukrainio.

Krome en la hodiaŭa Rusio oni povas vidi tre fortan kontinuecon inter la Sovetia partia elito, kaj la nunaj regantoj de la lando. Freŝa esploro farita de Marija Snegovaja ĉe la universitato Johns Hopkins en Usono montras, ke proksimume 60 procentoj el la nunaj potenculoj en Rusio havas fonon, kiu rekte ligiĝas al la partia nomenklaturo de Sovetio. Ofte temas simple pri infanoj de meznivelaj komunistaj partiaj funkciuloj. Ĉi tiu kontinueco estas plia faktoro, kiu faciligis la restarigon de la koncentrita strukturo de potenco en Rusio, kredas Ivan Gomza.

– Se ĉe ni oni farus similan esploron, mi certas ke la rezulto estus tute alia.

Dum diversaj jaroj la interkonsentoj de la elitoj de Ukrainio temis pri diversaj aferoj, sed ĉiam necesis interkonsentoj.

– En la 1990-aj jaroj oni interkonsentis ne plu mortigi homojn surstrate pro krimaj konfliktoj. Poste en 2004 oni interkonsentis, ke eĉ se oni ekhavas la potencon, oni ne enprizonigu la opozicion. Janukoviĉ tamen volis malliberigi opoziciulojn, kiam li iĝis prezidento, li volis denove iri la rusian vojon, kaj tio iĝis lia pereo.

Jam Niccolò Machiavelli skribas pri la diferenco inter du specoj de ŝtatoj – tiuj kun forta centra potenco, kaj tiuj kun pluraj centroj de potenco, diras Ivan Gomza.

– Koncentritaj, fortaj ŝtatoj estas malfacilaj kontraŭuloj en milito, ĉar tie la decidoj estas farataj rapide. Sed se oni konkeras tian ŝtaton, ĝi estas multe pli facile regebla, ĉar sufiĉas kapti la centron, kaj ĉio pretas. La alia speco de ŝtatoj – li komprenele parolas pri feŭdaj ŝtatoj – povas esti facile konkerebla, se tie daŭras internaj konfliktoj, sed ili estas tre malfacile regeblaj, ĉar tie ne sufiĉas kapti la centron. Kaj tio estas priskribo de du modeloj, kiuj bone taŭgas por Rusio kaj Ukrainio.

En *La Princo* Machiavelli skribas pri Turkio kaj Francio en la 16-a jarcento. Li asertas, ke Francio male ol Turkio estus tra malfacile regebla eĉ por sukcesa konkeranto:

> *La malo okazas en la regnoj regataj kiel tiu de Francio, ĉar facile vi povus eniri ilin favorigante al vi iun baronon de la regno, ĉar oni ĉiam trovas malkontentulojn kaj dezirantojn je renversoj; ĉi tiuj, pro la menciitaj kaŭzoj, povas malfermi al vi la vojon kaj faciligi al vi la venkon, kiu tamen poste, se vi volas pluteni la povon, kuntrenas sennombrajn malfacilaĵojn kaj kun tiuj kiuj vin helpis kaj kun tiuj kiujn vi opresis. Kaj ne sufiĉas al vi estingi la familion de la princo, ĉar restas tiuj senjoroj kiuj iĝas estroj de novaj tumultoj, kaj ĉar vi povas ilin nek kontentigi nek estingi, vi perdas tiun teritorion ĉiufoje kiam prezentiĝas la okazo.*

En februaro 2022 Rusio sukcesis "favorigi al si" multajn "baronojn de la regno" en suda Ukrainio. Oni nun suspektas, ke la tuta pinta tavolo de la sekurservo SBU en la provinco Ĥerson estis sub-aĉetita. Tio klarigus, kial la rusiaj trupoj tiel rapide sukcesis eniri de Krimeo kaj konkeri grandajn teritoriojn en la sudo.

Vladimir Putin evidente intencis kapti kaj ŝanĝi la centron de la potenco en Ukrainio, laŭ la konsilo de Machiavelli. Tion li ne sukcesis fari – la batalo pri Kijivo longiĝis, kaj fine li devis retiri siajn trupojn. Sed eĉ se li sukcesus konkeri la ĉefurbon, reaperigi la forpelitan Viktor Janukoviĉ el la kulisoj kaj instali lin kiel la "leĝan prezidenton" de Ukrainio, tute ne evidentas, ke li tiel sukcesus ekregi la tuton de Ukrainio. La lando simple ne funkcias en tiu maniero. Kredeble la batalo daŭrus.

Sed kial do Ukrainio tiom diferencas de Rusio? Multaj ukrainoj havas pretan respondon: rusoj simple estas tiaj, diference de ukrainoj ili ne sopiras al libero.

Eduard el Mariupol diras, ke li multe pensis pri la afero post kiam li sukcesis fuĝi trans la frontlinio al Lvivo, kie li nun laboras en la stadiono kiu iĝis rifuĝejo.

– Post kiam mi venis ĉi tien en aprilo, mi havis tempon kontempli tion. Ni ja estis ĉirkaŭitaj en Mariupol, la tuta familio, estis ege peze. Ne estis probablo de multaj procentoj, ke mi sidos ĉi tie. Ni loĝis kvindek metrojn de la teatro, kiu poste estis bombita. Li serĉis klarigojn en la historio.

– Mi aĉetis libron pri la historio de la Kijiva regno, verkitan de Mikola Arkas. Ĝi estas de la tempo antaŭ la komunistoj, sed ĝi estas tre interesa, ĉar ĝi montras, ke Ukrainio ĉiam estis tia, oni decidis ĉion en la vilaĝa kunveno, la kozakoj elektis siajn atamanojn ĉiun jaron. En Ukrainio ni havis vilaĝajn kunvenojn, en Rusio oni havis la caron kiu pensis por ĉiuj. Tiel estis dum mil jaroj. Mi kredas, ke ni simple estas malsamaj kiel popoloj.

Tiel ĉiukaze asertas la nacia mito. Sed Julia Ŝatoĥina, la estro de la rifuĝejo en Arena Lviv, ne kredas ĝin. Ŝi havas alian klarigon.

– Ukrainio estas negranda lando, Rusio estas enorma. Por regi tian grandegan teritorion kun multaj diversaj popoloj oni historie bezonis regi ilin per fera mano. Kaj tion sukcese faris ankaŭ Putin dum multaj jaroj. Nun estas mode diri, ke ukrainoj havas amon al libero en sia sango, ke rusoj estas pasivaj, kun psikologio de sklavoj. Sed mi ne vidas la aferon tiel.

Ihor Ŝapovalov estas la ĉefo de la simfonia orkestro de Luhansk. Lin mi renkontas ekster malnova tramejo en Lvivo, nun kulturdomo, kie blovinstrumenta kvinopo el lia orkestro ludas dum aranĝo pri la kulturo en la okupitaj regionoj.

– Venontjare ni solenos la naskiĝfeston de la orkestro hejme en Luhansk, la anoncisto promesas antaŭ la prezento.

La publiko aplaŭdas entuziasme.

Ihor troviĝas en evakuo kun sia orkestro ekde 2014, kiam komenciĝis la milito en orienta Ukrainio. Dum sep jaroj la orkestro ludis en Severodoneck, sepdek kilometrojn de la okupita Luhansk – kaj kvardek de la frontlinio.

– Triono de la orkestro restis sub la okupo. Tiuj, kiuj restis, estis ĉefe pli aĝaj, tiuj proksimaj al la emeritiĝo, kiuj ne havis fortojn fuĝi. Ili restis, kaj diris "iĝos kiel iĝos". Ĉiam estas ankaŭ apogantoj de tiu rusa cirko. La sola bona afero pri ili estas, ke ili ne estis multaj.

En februaro 2022 la orkestro denove devis fuĝi, kaj fine venis al Lvivo. Ihor ne povas kompreni, kial Rusio komencis la novan militon.

– Mi vere ne povas respondi al tio. Unuavice, ĉar mi nun ne loĝas en Rusio. Duavice, ĉar mi opinias, ke kelkaj agoj de Rusio kaj ties estro simple malhavas logikon. Eble li iĝis iomete freneza kaj volas rekrei Sovetion, aŭ resti en la historio. Sed oni povas ja esti enskribita en la librojn pri historio diversmaniere – kiel buĉisto, sed ankaŭ kiel homo, kiu faris ion bonan por la tuta homaro.

La kialo pro kiu Ukrainio estas pli demokratia ol Rusio estas, ke rusoj kaj ukrainoj simple estas homoj de malsamaj specoj, kredas Ihor Ŝapovalov.

– Tion mi povas diri, ĉar mi loĝis kaj laboris en Rusio dum ses jaroj. Tio ja estis antaŭ tre longa tempo, en la komenco de la 1990-aj jaroj, sed tamen jam tiam la diferenco estis tre granda. En Rusio apenaŭ eblis eliri por aĉeti cigaredojn sen kunporti la pasporton, ili kontrolis ĉiujn la tutan tempon. En Ukrainio ne estis tia persekutado kaj postulado de legitimilo.

La diferenco inter la landoj supozeble kreskis dum la jaroj, sed jam en la 1990-aj ĝi estis evidenta, li diras.

– Oni tion rimarkis en la propagando. La unuajn paŝojn oni faris tiam, oni komencis paroli pri Rusio kiel superpotenco kaj ĉio tia. Kiam ni revenis al Ukrainio ni klare vidis, ke ĉe ni ĉio estas malsama.

Post 2014 la diferenco inter Rusio kaj Ukrainio kreskis eĉ pli. Nun eĉ en orienta Ukrainio ne multaj volas aparteni al la Rusia regno, ĉar ili vidis, kion tio signifus, Ihor diras.

– En tiu tempo povis eĉ okazi, ke homoj eliris por bloki la vojon de la ukraina armeo por ke ĝi ne povu antaŭeniri. Ĉi-jare nenio tia okazis. Male, homoj eliris kun la flago de Ukrainio por haltigi rusiajn veturilojn kaj soldatojn. Multo ŝanĝiĝis dum la pasintaj ok jaroj.

Unu kialo de la ŝanĝo estas, ke la registaro multe investis en edukado kaj kulturo en orienta Ukrainio, kredas Ihor. Sed restas multo por fari.

– Mi volus ke niaj politikistoj eĉ pli atentu kulturon kaj eble ankaŭ pli financu ĝin, ke ili pli bone komprenu la signifon de kulturo. Oni devas daŭre rememorigadi homojn, kian brilan landon ni havas. Belan eŭropan landon, kiu sopiras liberon… Subite Ihor silentiĝas. Larmoj plenigas liajn okulojn.

– Pardonu. Mi ne povas…

Li dum momento turniĝas flanken kaj kolektas sin. Poste li rakontas, ke kaj liaj propraj gepatroj kaj la gepatroj de lia edzino restis en la okupita teritorio en Luhansk. Dum multaj jaroj ne eblis ilin viziti, kaj ne ĉiuj plu vivas. Kaj jen komenciĝis la nova milito.

La jaron post la murdo de Gongadze Vladimir Putin vizitis Ukrainion kvarfoje, por montri sian subtenon al la kritikata Kuĉma. La unua vizito okazis en februaro 2001. En julio la saman jaron la du prezidentoj aranĝis komunan paradon de la floto en Krimeo, kaj en aŭgusto Putin venis al Kijivo por soleni la sendependon de Ukrainio kune kun Kuĉma. Tiam Putin substrekis, ke la sukcesoj de Ukrainio dum la regado de Kuĉma estis sekvo de la daŭra proksimiĝo al Rusio:

Niaj landoj fortigis la bonajn najbaran rilatojn en niaj reciprokaj kontaktoj, elektis kurson direkte al strategia partnereco kaj fruktodona kunlaboro. La amplekso kaj naturo de la rusia-ukrainia kunlaboro, la profundaj, komunaj kulturhistoriaj tradicioj kaj kontaktoj inter la rusia kaj ukraina popoloj estas bona grundo por konduki niajn rilatojn al kvalite nova alianca nivelo.

La labirinta lingvaĵo en la gratula telegramo de Putin al Kuĉma ne kaŝas la fonan mesaĝon, nome ke Ukrainio ja surpapere estas sendependa, sed ke ĝi povas prosperi nur en alianco kun Rusio. Komuna rusa-ukraina milita ekzerco en Krimeo en oktobro 2001 montris gravajn mankojn en la defendopreteco de Ukrainio.

Civila aviadilo survoje el Tel-Avivo al Novosibirsk estis erare traf-
ita de kontraŭaviadila misilo, pafita de Ukrainio. 78 pasaĝeroj kaj
aviadistoj estis mortigitaj. La unuaj komentoj de Kuĉma ne multe
plibonigis la impreson:

– Vidu, kio okazas dise en la mondo, en Eŭropo. Ni estas nek la
unuaj nek la lastaj, oni ne faru el ĉi tio tragedion. Eraroj okazas ĉie,
kaj ne nur je ĉi tiu skalo, sed eĉ je multe pli granda, monda skalo.

Nur post kelkaj semajnoj Kuĉma oficiale agnoskis la kulpon
de Ukrainio kaj akceptis la demision de la ministro de defendo.
Ankaŭ pluraj militistoj estis eksigitaj, sed neniu jura proceso kon-
traŭ ili okazis.

La rilatoj al Rusio ne estis aparte tuŝitaj de la incidento. Putin
denove vizitis Kuĉma en decembro – ĉi-foje en Ĥarkivo, por sub-
skribi interkonsentojn pri ekonomia kunlaboro, interalie la vastigo
de du nukleaj centraloj en Ukrainio.

La sekvan jaron Putin venis al Ukrainio nur unufoje. La jaro
2002 estis por Kuĉma multmaniere eĉ pli aĉa ol 2001. Novaj likoj de
sonregistraĵoj el la oficejo de Kuĉma montris, ke Ukrainio sekrete
vendis radarojn al la Irako de Saddam Hussein. La malkaŝo kon-
dukis al severa degenero de la rilatoj kun Usono, kaj multe mal-
faciligis la strebadon de Kuĉma ekvilibrumi inter la oriento kaj la
okcidento.

La grandaj manifestacioj kontraŭ Kuĉma denove akceliĝis.
Kiam la pozicio de la prezidento internacie kaj enlande malfortiĝis,
li ĉiam pli proksime alianciĝis kun Rusio kaj Vladimir Putin. En
2003 Putin vizitis trifoje, kaj dum la elekta jaro 2004 la prezidento
de Rusio vizitis Ukrainion eĉ ses fojojn, por apogi sian preferatan
kandidaton: Viktor Janukoviĉ.

Kuĉma plu regis helpe de favoraj ekonomiaj interkonsentoj kun
la Rusio de Putin – malmultekosta gaso kaj avantaĝaj kreditoj.
La interkonsentoj ne malofte estis favoraj ankaŭ por la proksimaj
kunlaborantoj de la prezidento, kaj supozeble ankaŭ al li mem.

Sed spite la proksimajn kontaktojn kun Putin, proksimiĝo
al Rusio ne estis la unuavica celo de Kuĉma. Prefere li klopodis

ekvilibri inter oriento kaj okcidento, dum li uzis la financajn rime-dojn de Rusio por savi la ekonomion de Ukrainio kaj plenigi la monujojn de siaj amikoj.

Kuĉma eĉ publikigis tutan libron kun la titolo "Ukrainio ne estas Rusio". Multaj suspektas, ke li ne vere mem verkis la dikan libron, kiu unue aperis en la rusa, sed ĝi ĉiukaze baziĝas sur liaj ideoj. La libro aperis pli proksime al la fino de lia dua mandatperiodo, en la aŭtuno de 2003. Li mem prezentis ĝin en librofoiro en Mosvo, kaj transdonis unu ekzempleron al prezidento Vladimir Putin.

Dum la prezentado Kuĉma diris, ke li verkis la libron por klar-igi al legantoj en Rusio, ke rusoj kaj ukrainoj fakte estas du apartaj, kaj multmaniere tre malsamaj popoloj:

– La rusoj, pri kiuj mi parolas, vidas ukrainojn kiel iaspecajn kamparajn parencojn – ni estas sufiĉe agrablaj, ni multe kantas, ili ofte diras, ni havas nian propran gastronomian guston, malsaman humuron kaj provincan dialekton. Sed ili vidas nin ĝuste kiel parencojn, do kiel rusojn.

La universitata instruisto Serhij el Mariupol vidas la kialojn de la diferencoj inter Rusio kaj Ukrainio unuavice en la evoluo de la socio.

– Tiuj babiloj pri du tute apartaj kulturoj, tio ja simple ne veras. Mi devas diri, ke mi mem ekzemple pli ŝatas rusan rokmuzikon ol ukrainan. Sed la politika kulturo estas malsama, ni havas po-tencialon de protesto, ni havas tradicion de memregado, eble eĉ iom anarkiisman tradicion de la kozaka tempo. En Rusio oni ha-vas pli patriarkisman fidon al la caro.

Eble ne estas bone por la stabileco, ke en Ukrainio okazis tiom da revolucioj, sed la popolo en Ukrainio ne estas pacienca, diras Serhij. Kaj tio ne rilatas al la lingvo, kiun oni parolas.

– La granda diferenco estas tiu en la politika kulturo. Tridek jaroj da evoluo ĉe ni tamen donis ian komprenon pri tio, kio estas demokratio, ke estas normale provi influi aferojn kaj ne nur fari kiel estas ordonite. Nia demokratio ja estis iom speciala, ĝi estis oligarka demokratio. Sed la paradokso estas, ke parte la kon-kurado inter la oligarkoj helpis subteni la demokration.

Alia paradokso estas, ke ankaŭ la malforta ekonomio de Ukrainio fortigis la demokration, diras Serhij. La potenculoj ne povis facile silentigi popolan malkontenton per mono, kiel okazis en Rusio.

– Ili simple ne havis tiajn rimedojn. Ni ĉiam restis malkontentaj pri la potenculoj kaj ĉiam ŝanĝadis ilin. Krome en Ukrainio ne estis tiaj fortaj sekurservoj kiel en Rusio, kaj estis multaj centroj de la potenco.

Sed kial do restas tiuj centroj de potenco en Ukrainio – dum en Rusio ne?

Unu el la klarigoj estas, ke Vladimir Putin ekde kiam li ekhavis la potencon je la komenco de la nova jarmilo, multe strebis por fortigi la centran potencon, konstrui sian "vertikalon de potenco" kaj malmunti ĉiujn strukturojn, kiuj povus defii lian monopolon.

Meze de la 1990-aj jaroj Boris Jelcin faris aliancon kun manpleno de la ĉefaj oligarkoj, kiuj helpis lin konservi la potencon en la prezidenta elekto de la jaro 1996. Interŝanĝe la oligarkoj ricevis ne nur pli da mono, ili krome ekhavis grandan influon super la politiko de la ŝtato. En la 1990-aj jaroj la centra potenco en Rusio estis malforta kaj malriĉa, samkiel tiu en Ukrainio, kaj krom la oligarkoj, ankaŭ la rusiaj regionaj elitoj havis influon. Sed kiam Vladimir Putin iĝis prezidento, li tuj baris la influon de la oligarkoj en la aferoj de la ŝtato – kaj en la amaskomunikiloj.

En Ukrainio neniu prezidento ĝis nun havis sufiĉe da potenco por obeigi la oligarkojn. Anstataŭe la politikaj potenculoj kunlaboris kun la oligarkoj – aŭ uzis ilin unu kontraŭ la alia. La oligarkoj povis per korupto kaj subvencioj al politikaj partioj aĉeti politikan influon, kio kompreneble estas tre problema. Samtempe ili iamaniere estis la garantiantoj de oligarka pluralismo, simila al tiu, kiu ekzistis en Rusio dum la 1990-aj jaroj – nek la ŝtataj potenculoj nek ajna unuopa oligarko povis monopoligi la socian diskuton aŭ agi tute laŭ sia propra volo, ĉar ĉiam ekzistis seriozaj kontraŭpezaj fortoj.

Post kiam Putin timigis la oligarkojn al obeado, li paŝon post paŝo kolektis la tutan ŝtatan potencon en siaj propraj manoj. La monda ekonomio estis sur lia flanko. La rapide kreskantaj enspezoj pro la naftoeksportado estis uzataj por fortigi la centran potencon – se la regionaj potenculoj volis ion, ili devis veni al Moskvo kun la ĉapo en la manoj. Samtempe Putin iom post iom nuligis ĉiujn instituciojn de juroŝtato, instituciojn kiujn oni en la 1990-aj jaroj nur komencis konstrui en Rusio.

La rapida ekonomia kresko donis al la ŝtato la eblon aĉeti la subtenon de la civitanoj – oni sukcesis konvinki la popolon, ke la kreskantaj limigoj de la libero estas necesa prezo por liberiĝi de la kaoso kaj mizero de la 1990-aj jaroj.

Eble Serhij do pravas, kiam li diras, ke la malpli forta ekonomio de Ukrainio helpis konservi la demokration en la lando.

La juroŝtato de Ukrainio havas grandajn mankojn. Sed Ukrainio tamen havas liberajn kaj plej ofte malfalsajn elektojn, demokratie elektitan parlamenton kiu fakte havas potencon, sendependajn amaskomunikilojn – kaj antaŭ ĉio fortan civitanan socion, kiu permesis al neniu monopoligi la potencon en la lando. Kaj la protesta movado post la murdo de Georgij Gongadze forte kontribuis al la estiĝo de tiu civitana socio.

Ivan Gomza ne konsideras serioze la aserton, ke rusoj estus laŭnature malpli demokratiaj ol ukrainoj.

– Mi kompreneble ofte aŭdas tion. Ke rusoj estas popolo de sklavoj. Mi komprenas la emocian fonon de tiu argumento, sed ne pri tio temas. Temas pri tio, ke oni en Rusio havas aliajn strukturajn elirpunktojn, kaj ili kondukis al la nuna kanibala sistemo.

Li memorigas, ke ĝuste rusoj protestis en Moskvo, kiam la puĉistoj en 1991 klopodis kapti la potencon.

– En Ukrainio oni sidis trankvile kaj atendis por vidi, kio okazos. Rusoj protestis. Do ne eblas aserti, ke rusoj aŭ ukrainoj estas tiaj aŭ aliaj nur ĉar ili estas rusoj aŭ ukrainoj. Homoj agas en specifaj strukturaj cirkonstancoj. Sed tio ne signifas, ke mi pravigus la pasivecon de la rusoj. Kompreneble ĝi kontribuis al la evoluo. Sed estas tute malĝuste diri, ke rusoj estus popolo de sklavoj.

La ĉapo de la ŝtelisto brulas

2004

La venkon super la nazioj oni solenas per enorma armea parado sur la ĉefstrato de Kijivo, Ĥreŝĉatik. La unuan tankon ornamas granda ruĝa flago kun serpo kaj martelo. La soldato, kiu tenas la flagstangon, bruske mienas. En la apuda luko staras soldato sen flago. Li honorsalutas la gravajn gastojn.

Por tiuj oni konstruis grandan podion sur la Placo de sendependo. Tie staras la prezidento de Rusio, Vladimir Putin, kune kun Viktor Janukoviĉ, kiun li deziras igi la sekva prezidento de Ukrainio. Janukoviĉ aspektas iom tedita. Li plukas ion el la poŝo de sia malhela mantelo, eble nukson, kaj komencas maĉi ilin.

Poste li ŝajne ekmemoras, ke estas neafable ne proponi al aliaj. Unue li turnas sin al sia maldekstra najbaro. Tiu estas Dmitrij Medvedev, la ĉefo de la administracio de Putin. Medvedev ridetas, kapjesas, prenas ion el la mano de Janukoviĉ kaj same komencas maĉi. Poste Janukoviĉ turnas sin dekstren, sed Vladimir Putin ne interesiĝas pri la proponata frandaĵo.

Unu post alia la taĉmentoj marŝas preter la podio honorsalutante. Eble tian aranĝon planis Vladimir Putin, kiam li la 24-an de februaro 2022 sendis siajn trupojn al Ukrainio kaj direkte al Kijivo, por "senarmeigi" kaj "sennaziigi" la landon. Sed nova venkoparado ne okazis.

La parado sur la Placo de sendependo okazis la 28-an de oktobro 2004. Tiam oni solenis la 60-an datrevenon de la liberigo de Ukrainio disde veraj, germanaj nazioj. En ĉi tiu tago en 1944 la naziaj okupaciaj trupoj estis komplete forpelitaj el la tiama Ukraina soveta respubliko.

La parado iĝis ankaŭ la kulmino de la kvina vizito de Vladimir Putin en Ukrainio en tiu jaro, taŭge proksime al la unua raŭndo de la prezidenta elekto. Putin metis sian tutan politikan pezon malantaŭ Viktor Janukoviĉ, kiu laŭ lia plano devis direkti la landon al eĉ pli proksima kunlaboro kun Rusio, for de ajnaj pensoj pri proksimiĝo al EU – aŭ eĉ pli aĉe, al NATO. La unua voĉdonado okazos post nur tri tagoj, kaj Putin faris ĉion eblan por certigi, ke gajnos lia kandidato. Interalie li sendis siajn plej bonajn politikajn teknologiistojn por gvidi la elektokampanjon de Janukoviĉ, kaj li ordonis al sia administracia ĉefo Dmitrij Medvedev certigi, ke nenio baros la vojon de la favorata kandidato.

Tri semajnojn pli frue, la 7-an de oktobro, Janukoviĉ kaj la reganta prezidento de Ukrainio, Leonid Kuĉma, kiel honoraj gastoj vizits Sankt-Peterburgon kaj ĉeestis la 52-jariĝan feston de Vladimir Putin.

Meze de novembro, iom pli ol semajnon antaŭ la dua raŭndo de la prezidenta elekto, Putin venos al Ukrainio ankoraŭ plian fojon, por subteni sian kandidaton. Tio iĝos jam lia sepa vizito en la lando ekde la decembro de la antaŭa jaro. Sed kvankam Janukoviĉ ricevis plenan subtenon kaj ĉiujn rimedojn de la rusia kaj ukrainia ŝtatoj, li ne sukcesis. Anstataŭe la rusia provo influi la politikon de Ukrainio kondukis al revolucio, kiu haltigis la aŭtoritarisman evoluon de Ukrainio kaj iĝis la fundamento de la nekuracebla antipatio de Putin kontraŭ la tro sendependa Ukrainio.

La universitata instruisto Serhij el Mariupol memoras la prezidentan elektokampanjon de Janukoviĉ tre bone, eĉ se la memoroj ne estas kaŭzo por fiero. Li ridetas iom oblikve kaj prenas gluteton da *americano* antaŭ ol li komencas rakonti. Ni sidas en kafejo en la centro de Lvivo. Li havas multon por aranĝi, ĉar li tuj devos forlasi sian provizoran loĝejon ĉi tie kaj veturi al Kijivo, kie oni promesis al li postenon. Mono kaj laboro mankas nun, samkiel en 2004. Aŭ laboron li ja havis tiam, sed la salajro estis mizera.

– Mi laboris en la universitato de Mariupol, mi jam finis mian disertaĵon. Janukoviĉ estis ĉefministro kaj Juŝĉenko la kandidato de la opozicio. Mi kompreneble subtenis Juŝĉenko, ĉar post la sendependiĝo mi vizitis diversajn partojn de la lando, mi estis konscia ukraino, eĉ se mi parolis ruse, kaj mi havis fortan liberalan, demokratian konvinkon.

La opozicia kandidato, la iama estro de la ŝtata banko kaj iama ĉefministro Juŝĉenko, volis ke Ukrainio proksimiĝu al la okcidento. Tiu strebado ne estis populara en la ruslingva Mariupol, kie loĝis Serhij – tie la majoritato subtenis Janukoviĉ, kiu devenis de la oriento kaj pli kliniĝis al la direkto de Rusio. Kaj tiel okazis, ke Serhij mem iĝis parto de la bone lubrikita kaj financita elekta maŝino de Janukoviĉ.

– Mi faris pakton kun la diablo. Miaj kolegoj kaj amikoj diris, ke Janukoviĉ tamen venkos, kaj oni proponis al mi postenon en lia kampanja stabejo. Mi bezonis nur sidi tie, paki kaj enaŭtigi kampanjan materialon, kaj tiel plu. Oni bone pagis, kaj mi ĵus ricevis filinon, mi bezonis la monon.

En la jaro 2004 oni unuafoje aktive uzis la diferencojn inter la oriento kaj la okcidento en elekta kampanjo. La celo estis polarizi la politikan pejzaĝon – kaj tio sukcesis, opinias Serhij.

– Unuafoje tiam oni komencis aktive disvastigi la ideon pri la divido inter oriento kaj okcidento. Kompreneble ekzistis ia kontraŭstaro ankaŭ pli frue, sub la surfaco, sed Kuĉma sukcesis dampi ĝin.

Viktor Janukoviĉ krome estis persono, kiu forte dividis la opiniojn, kaj kies nuran partoprenon en la elekto iuj opinis insulto al demokratio.

Janukoviĉ naskiĝis en la mineja urbo Jenakijeve en la provinco de Doneck, kaj li havis la bazon de sia potenco en orienta Ukrainio. En la aĝo de 17 jaroj li estis kondamnita al trijara malliberigo pro partopreno en rabo. Laŭ la verdikto li tiam membris en krima bando. La puno estis duonigita pro ĝenerala amnestio lige kun la 50-jara jubileo de la oktobra revolucio, kaj fine Janukoviĉ estis liberigita post iom pli ol duonjaro en la malliberejo.

Elprizoniĝinte, li trovis laboron kiel veldisto en Jenakijeve, sed post nur kelkaj monatoj li denove ekhavis problemojn kun la leĝo lige kun ebriula batalo. Ĉi-foje oni kondamnis lin al dujara malliberigo pro perfortaĵo.

La cirkonstancoj de la krimoj, pro kiuj Janukoviĉ en sia junaĝo estis kondamnita, ne estas precize konataj. Kortumaj dokumentoj asertite pruvas, ke la verdiktoj poste estis nuligitaj – sed oni suspektas, ke tiuj dokumentoj estas falsitaj. Laŭ liaj kontraŭuloj ankaŭ la magistra ekzameno de Janukoviĉ pri internacia juro, kiun li asertite trapasis en Kijivo en 2001, estas falsa – almenaŭ liaj kurskamaradoj neniam vidis lin en la universitato.

"La ĉapo de la akademiano brulas", skribis *Ukrajinska Pravda* en aŭgusto 2004, iom pli ol du monatojn antaŭ la unua raŭndo de la elekto. La artikolo temas pri la akademiaj meritoj de Janukoviĉ, kaj la titolo paŭsas la proverbon "la ĉapo de la ŝtelisto brulas". La gazeto malkovris, ke Janukoviĉ en sia biografio nomas sin membro de neekzistanta akademio de sciencoj en Kalifornio.

La proverbo aludas, ke tiu, kiu kulpas pri krimo, ofte malkaŝas sin per sia konduto. Multaj opiniis, ke Janukoviĉ estas korupta, kaj ke lia krimula fono igas lin rekte maltaŭga por la prezidenta posteno. Krome oni ridindigis lian neekzistantan scipovon de la ukraina kaj lian rusan lingvaĵon de needukito.

La kontraŭa flanko respondis ĵetante koton kontraŭ la opozicia kandidato kaj asertante lin ekstrema naciisto, kiu malamas ĉiujn ruslingvanojn.

– Janukoviĉ estis neeltenebla por unu tendaro, Juŝĉenko iĝis tia por la alia, Serhij diras.

La politikaj spertuloj, kiujn oni sendis el Moskvo por stiri la kampanjon de Janukoviĉ, aktive laboris por krei malkonkordon. Unu ekzemplo estis falsa flugfolio, kiun oni asertis reklamo de la kampanjo de Juŝĉenko, sed kiu efektive estis produktita de la rusaj kampanjistoj, diras Serhij.

– Ĝi estis mapo de Ukrainio, en kiu la lando estis dividita en kvalit-klasoj. La unuakvalitaj ukrainoj estis tiuj, kiuj loĝas en okcidenta Ukrainio, la dua kvalito estis tiuj en centra Ukrainio, kaj la tria estis ni en la oriento. "Tiel aspektas ilia Ukrainio", oni diris, kiam oni disvastigis la mapon, "ĉu vi volas voĉdoni por iu, kiu opinias vin triaklasa?" Tiu estis hontinda provoko, kaj per ĝi oni kreis fundamenton por ĉi tiu divido inter la oriento kaj la okcidento.

La diferenco kompreneble ne estis tute elpensita.

– Ja ekzistas multaj landoj kun regionaj diferencoj, ekzemple Italio. Sed tiu mesaĝo, tiu dura propagando, ĝin oni komencis disvastigi dum la prezidenta elekto en 2004, kaj tio daŭris ankaŭ dum Juŝĉenko havis la potencon.

La laboro en la kampanja stabejo de Janukoviĉ estis bone pagata, sed ĝi sentiĝis malpura, diras Serhij.

– Mi sentis min iom humiligata. Sed la monon mi bezonis, mi ja havis bebon. Ili diris naŭzajn aferojn pri Juŝĉenko, pri Usono, pri ukrainaj naciistoj. Al mi estis malfacile resti tie. Precipe post la venenado.

Komence de septembro 2004, du tagojn post tagmanĝo ĉe la estroj de la sekurservo SBU, Juŝĉenko subite severe malsaniĝis. Li devis haltigi sian kampanjon, kvankam restis nur kelkaj semajnoj ĝis la unua raŭndo. Oni flegis lin en hospitalo en Aŭstrio, kie oni konstatis, ke li estis venenita per granda kvanto da dioksino. Kiam li revenis al Ukrainio, lia pli frue glata vizaĝo estis ŝvelinta kaj kovrita de ekzemo.

Reprezentantoj de Janukoviĉ ridindigis ĉiujn asertojn pri tio, kie iu povis intence veneni la opozician kandidaton. Anstataŭe oni asertis ke li nur manĝis aŭ pli verŝajne drinkis ion maltaŭgan. Kaj lian novan aspekton oni uzis en la kampanjo kontraŭ li.

– La kampanjestroj en Doneck liveradis al ni kampanjan materialon. Nun ili sendis portretojn de Juŝĉenko kun la difektita vizaĝo, kaj teksto kiu rakontis, ke la prezidento estas la vizaĝo de Ukrainio. "Ĉu vi volas, ke via lando aspektu ĉi tiel?" estis la mesaĝo. Mi diris, ke tion mi ne distribuos. Kaj tion mi ĉiukaze ne devis fari.

labori por la kampanjo de Janukoviĉ. Sed mi estis malkuraĝa, mi ne diris, ke mi havas alian opinion. Mi formale eksiĝis pro familiaj kialoj. Ili pagis mian salajron kaj ni disiĝis kiel amikoj.

La protestoj fine devigis Kuĉma kaj lian protektaton Janukoviĉ kapitulaci. La supra kortumo malagnoskis la elektan rezulton kaj ordonis, ke la dua raŭndo estu refarita. Tio okazis la 26-an de decembro. Ĉi-foje Juŝĉenko ricevis klaran majoritaton. La krizo estis solvita, sed la regado de Juŝĉenko ne iĝis tia sukceso, kian atendis liaj subtenantoj.

Tamen la oranĝkolora revolucio, kiel oni ĝin poste eknomis, estis grava turnopunkto en la historio de Ukrainio – kaj okazaĵo, kian Rusio neniam spertis post la disfalo de Sovetio.

La universitata instruisto Ivan Gomza estis studento en la akademio Mohila en Kijivo dum la prezidenta elektokampanjo de 2004 kaj la oranĝa revolucio. Li opinias, ke Rusio kaj Ukrainio tiam ankoraŭ estis tre proksimaj unu al la alia, diversmaniere.

– Tiam Gleb Pavlovskij, kiu pli frue laboris pri la elektoj en Rusio, venis ĉi tien por helpi al Janukoviĉ venki. Multaj tiam aŭskultis rusan popmuzikon, spektis popularajn rusajn televidprogramojn. Multmaniere la vivo similis al tiu en Rusio. Sed post la oranĝa revolucio ni ekiris en malsamaj direktoj. Tion mi bone memoras, ĉar mi mem partoprenis en la revolucio kiel studento. Mi faris nenion specialan, simple iradis tien-reen kaj kriis sloganojn. Nia universitato estis tre aktiva, preskaŭ ĉiuj studentoj iris tien. Sed mi ne aparte konsciis, kion ĉio ĉi signifas, ne same kiel en 2014. Mi estis tute ordinara protestanto.

Iasence la oranĝa revolucio estis sukceso: la postuloj de la manifestaciantoj estis plenumitaj, la dua raŭndo de la elektoj estis refarita kaj Juŝĉenko gajnis. Sed samtempe la revolucio estis ankaŭ malsukceso – ne okazis tiu kompleta turniĝo de la politiko en Ukrainio, je kiu multaj esperis. Tiam ne okazis.

– En la socio estiĝis ia seniluziiĝo. Ankaŭ mi desapontiĝis. Interalie temis pri tio, ke la oranĝkolora koalicio ne sukcesis kunlabori, kaj Janukoviĉ fine revenis al potenco.

Krome Ukrainio estis trafita de la tutmonda financa krizo de 2008, kies sekvojn la agoj de la registaro de Ukrainio severigis. La Internacia Mona Fonduso IMF plurfoje haltigis elpagon de krizaj kreditoj, ĉar la registaro de Julija Timoŝenko rifuzis entrepreni paŝojn por ekvilibrigi la ŝtatan buĝeton. Ŝi kaj la prezidento kulpigadis unu la alian, dum la krizo profundiĝis.

Ivan Gomza studis en Francio dum la studjaro kiu komenciĝis en 2008, kaj li povis kompari, kiel la monda krizo influis la du landojn.

– Mi pasigis duonan jaron en Ukrainio kaj la alian duonon en Francio. Estis malfacila periodo por ambaŭ landoj, sed al mi estis ridinde, kiam mi venis al Francio, kaj ili rakontis al mi, kiel terure estas, ke la aĉetpovo ŝrumpis je 5 procentoj. Mi devis diri al ili: komprenebla estas peze al vi, sed ĉe ni la prezoj de kelkaj manĝaĵoj altiĝis je 300 procentoj.

Dmitro el Ĥerson naskiĝis en 1997 kaj do estis sepjara, kiam la oranĝa revolucio okazis. En oktobro 2022 li estis 25-jara, loĝis en kontenera vilaĝeto por internaj rifuĝintoj rande de Lvivo kaj esperis, ke lia okupita hejmurbo baldaŭ estos liberigita.

La oranĝa revolucio estas la unua politika okazaĵo, kiun li memoras.

– Sed mi tiam ne povis imagi, pri kia serioza afero temas. Tion mi komprenis nur poste. Nun mi pensas, ke tiu estis inter la unuaj fojoj, kiam la popolo diris "ne" al la sistemo, oni diris "ne" al falsaj elektoj kaj postulis la rajton vere elekti siajn regantojn. La revolucio haltigis reiron al diktaturo. Oni povas fari paralelojn al Rusio. Kiam ĉe ili lastfoje okazis revolucio? Kiom da jaroj regas ilia prezidento? Kio kaŭzas, ke la loĝantaro akceptas ĉion kaj ne rezistas? Ankaŭ ĉe ni ekzistis la eblo ke okazu tiel. Oni klopodis falsi la elektorezulton, oni faris atencon kontraŭ Juŝĉenko, sed la popolo leviĝis kaj ne permesis evoluon similan al tiu en Rusio.

Jam poste Dmitro komprenis, ke multo restis neŝanĝita ne nur post la disfalo de Sovetio, sed ankaŭ post la oranĝa revolucio.

– Kiam mi frekventis lernejon, oni daŭre instruis al ni, ke Ukrainio estas la malgranda frato de Rusio. Tion ni antaŭ ĉio aŭdis de pli aĝaj homoj, kaj en televido. Evidente ni en tiu aĝo estis tre influataj de la informoj, kiujn oni donis al ni. Nur kiam mi iĝis pli aĝa kaj komencis pensi sendepende, kaj precipe post kiam la milito komenciĝis en 2014, mi komencis starigi demandojn kaj kompari Rusion kun aliaj imperioj.

La ĵurnalisto Tatjana Kurmanova estis studento ĉe la universitato de Simferopol en Krimeo dum la oranĝa revolucio. Ŝi studis por iĝi instruisto de la rusaj lingvo kaj literaturo, kaj ne aparte interesiĝis pri politiko. Sed la revolucio estis impulso, kiu ŝanĝis ŝian direkton kaj kaŭzis, ke ŝi iĝis esplorĵurnalisto.

– Mi faris multajn demandojn jam dum la lerneja tempo. Mi memoras, ke oni prezentis al ni iun muzeon en Sebastopolo, kaj oni tie daŭre parolis pri la heroaĵo de la sovetiaj maristoj. Mi miris, pri kia heroaĵo povis temi, se la sovetia registaro dum la milito ignore forlasis la maristojn, kiuj iĝis simpla kanona furaĝo. Oni preskaŭ elĵetis min el tiu montrado. En la infanaĝo multaj demandoj restis neresponditaj, kaj tial novaj demandoj amasiĝis.

Tatjana estis 18-jara, kiam ŝi en 2003 komencis studi en la universitato de Simferopol.

– Mi havis kaĉon en la kapo, mi ne komprenis, kio okazas en la socio. Sed dum la elekta kampanjo de 2004 kaj la oranĝa revolucio mi unuafoje vidis, kiel homoj malferme esprimis siajn opiniojn kaj aliĝis al malsamaj tendaroj. La subtenantoj de Juŝĉenko surmetis ion oranĝkoloran, tiuj de Janukoviĉ ion bluan. Unufoje mi ĉeestis, kiam knabino kun oranĝkolora rubando estis elĵetita el buseto. Tie sidis tute ordinaraj homoj, sed ili nomis ŝin "oranĝa pesto" kaj simple elpuŝis ŝin el la buso. Ŝi restis staranta ĉe la haltejo kaj ploris, kaj mi faris nenion. Mi estis indiferenta, kiel la plej multaj.

Tiam malfacilis ricevi fidindajn informojn pri tio, kio okazas en la ĉefurbo, diras Tatjana.

– La plej multaj ne havis aliron al interreto, nur ĵus ekaperis interretaj kluboj. Mi memoras, ke mi skribis mian unuan universitatan eseon permane, ĉar ne estis komputiloj. Sed la porrusiaj organizaĵoj kaj la partio de Janukoviĉ aktivis ĉe ni en Krimeo. Kien ajn oni iris, oni vidis grandajn reklamtabulojn kun la flago de Rusio. Ili disdonadis flugfoliojn, ili vizitadis la studentajn komunloĝejojn kaj agitis por la partio de Janukoviĉ, kiu volis ke Ukrainio eniru doganan union kun Rusio. La estonto de nia lando estas en unio kun Rusio, ili diris.

En Krimeo la subtenantoj de Janukoviĉ kaj la porrusiaj grupoj pli videblis ol la alia flanko. Ili interalie blokis la ejon de la sola loka televidkanalo, kiu sintenis pozitive al la oranĝa flanko, diras Tatjana.

– Ili veturis tien kun siaj flagoj, kaj simple ne permesis al iu ajn eniri aŭ eliri la konstruaĵon. Estis kelkaj interpuŝiĝoj tie, sed laŭ mia memoro neniu estis severe vundita.

La plej multaj krimeaj tataroj elektis la oranĝan flankon de Juŝĉenko, kiu kritikis la multajn krimojn de Sovetio – de la mal-satkatastrofo de la 1930-aj jaroj ĝis la multjara ekzilo de la krimeaj tataroj. La studentoj, kun kiuj Tatjana Kurmanova interrilatis en la komunloĝejo, aliflanke estis sur la flanko de Janukoviĉ. Sed la engaĝiĝo estis neprofunda, kaj kiam Juŝĉenko fine iĝis prezidento, preskaŭ nenio ŝanĝiĝis, almenaŭ en Krimeo.

– Mi memoras neniujn seriozajn ŝanĝojn. Eble mia bildo estas unuflanka, ĉar mi estis studento kaj ankoraŭ ne komprenis, kiel la socio estas organizita. Sed tio, kion la subtenantoj de Janukoviĉ asertis sin timi, totala ukrainigo de ĉio, nenio en tiu direkto okazis en Krimeo. Oni eĉ ne pliigis la kvanton de la lecionoj de la ukraina lingvo. En la ordinara vivo nenio ŝanĝiĝis.

La instruado en la universitato plu restis ruslingva, kaj la etoso estis porrusia, Tatjana memoras.

– Dum la lecionoj oni rakontis al ni, kiel bona lando Rusio estas, oni organizis diversajn seminariojn kaj renkontiĝojn sponsoritajn de Rusio, por formi la pensadon de la studentoj. Mi partoprenis kelkajn, sed mi havis ĉiam pli da demandoj, kaj ne plu pretis kredi ĉion, kion oni diris al mi. Unuafoje mi komprenis klare, ke ekzistas homoj kiuj pensas en diversaj manieroj, unuafoje homoj klare dividiĝis en du tendaroj. Por mi tio donis impeton, kiu igis min fari eĉ pli da demandoj kaj provi klarigi al mi mem, kio fakte okazas.

Oksana el Mariupol, la aĉetinto de fridujo, same ne trovas ke io ŝanĝiĝis ĝenerale en la vivo post la oranĝa revolucio de 2004.

– Kio okazis estis, ke tiuj, kiuj bone vivis, ekvivis eĉ pli bone. Por ni ordinaraj laboristoj estis neniu diferenco. Nur tio, ke oni devis ĉirkaŭkuri eĉ pli por trovi malmultekostajn varojn. Kelkaj butikoj altigis la prezojn, en aliaj oni povis trovi la saman varon por la malnova prezo.

Eduard, kiu kreskis en Doneck kaj antaŭ la milito laboris ĉe la futbala klubo Ŝaĥtar en Mariupol, ne aparte multe pensis pri la oranĝa revolucio kiam ĝi okazis. Ĉio okazis distance, en Kijivo, kaj ne rekte tuŝis multajn Doneckanojn.

– Mi ja estis plenkreska tiam, ĉirkaŭ 25-jara, kaj tial memoras tion. Sed ni ne vere komprenis, kio okazas tie. Mi havis kelkajn konatojn kiuj subtenis Juŝĉenko. Ili veturis al Majdan en Kijivo kaj pasigis tie semajnon. Sed ĝenerale ni estis sufiĉe izolitaj. La kampanjistoj diskonigis malfavoran bildon pri Juŝĉenko. Krome li estis venenita kaj ekhavis cikatran vizaĝon. Homoj ĉe ni ne akceptis lin. Mi mem ne tre interesiĝis, mi pensis ke la homoj tie en Kijivo protestu se ili volas.

La oranĝa revolucio rezultis en la prezidentiĝo de Juŝĉenko, sed ankaŭ laŭ Eduard por ordinaraj homoj ne multo ŝanĝiĝis.

– Juŝĉenko, li faris ja nenion. Li estis prezidento dum kvin jaroj, sed kion li ŝanĝis en la lando? Nenion. Por mi li estis malsukcesa prezidento.

La ŝanĝoj en la vivo kaj ĉirkaŭaĵo de Eduard temis ne pri tio, kiu estas prezidento, li diras.

– Paŝon post paŝo ekkreskis la kompreno, ke ni fakte loĝas en Ukrainio, ke ĝi estas nia ŝtato. La vivo komencis pliboniĝi. Mi finstudis kaj eklaboris. La unuaj du jaroj pasis iel-tiel. Ĉiuj, kiujn mi konis, laboris kiel ŝarĝistoj aŭ gardistoj. Aliaj laboroj mankis.

Poste oni konstruis Donbass Arena en 2009, kaj mi sukcesis ricevi inviton al dungointervjuo. Estis tre populare labori tie, oni interjuis min kvin aŭ ses fojojn sur diversaj niveloj. Mi estis dungita kiel ordinara laboristo, sed en 2012 dum la Eŭropa ĉampionado mi jam estis en la estraro de la areno, mi estis la ĉefo de la administra sekcio.

La eksa instruisto Olha, kiu fuĝis de Doneck post 2014, memoras ke ŝi ne aparte favore sintenis al la oranĝa revolucio kiam ĝi okazis.

– Ankaŭ mi ne voĉdonis por Janukoviĉ, sed mi ne kredis, ke povis esti tiel ampleksa fraŭdo kiel oni asertis. Ĉe ni en Doneck oni ne bezonis fuŝi, homoj vere voĉdonis por Janukoviĉ, kaj ni kredis, ke oni tiel voĉdonis en la tuta Ukrainio. Sed aferoj ŝanĝiĝas kun la paso de tempo. Ni havis edukon, ni ekhavis sufiĉe da mono por veturadi eksterlande, ni haltis ĉi tie en Lvivo kaj parolis kun homoj, kaj iom post iom ni repensis. Tamen la majoritato de la homoj en Doneck daŭre ne akceptis la oranĝan revolucion.

Kostiantin estas 44-jara fabrika laboristo el la okupita Melitopol. Li fuĝis al Lviv kun sia dekjara filo Fedor. Li ne volas, ke la filo frekventu la lernejon de la okupantoj, kaj li mem timas, ke oni povus rekrutigi lin en la rusia okupacia armeo. Kostiantin kaj Fedor ricevis du simplajn litojn unu apud la alia sur la planko en la iama luksa restoracio en Arena Lviv.

– Krome restis nenio per kio sin vivteni. La fabriko, kie mi laboris, estas fermita. Kaj laŭ famoj la infanoj kiuj ne frekventas la rusan lernejon estos forprenitaj el la familioj.

La edzino de Kostiantin restas en la okupita Melitopol.

– Ŝi havas aĝajn gepatrojn. Ankaŭ miaj gepatroj restas tie. Ni venis la 17-an de septembro, ni volis forveturi antaŭ ilia referendumo. Nun oni ŝajne tute ne ellasas virojn de tie.

Fine de septembro 2022 la rusiaj okupaciaj aŭtoritatoj aranĝis fikciajn referendumojn en kvar provincoj de Ukrainio. Aŭtoj kun laŭtparoliloj alvokis la restantajn loĝantojn eliri por voĉdoni. Oficistoj ĉirkaŭiris en ŝtuparejoj de loĝdomoj kun porteblaj balotujoj, akompanataj de rusiaj soldatoj kun mitraletoj. Ne estis granda interpuŝiĝo en la balotejoj, sed laŭ la oficialaj rezultoj la partopreno en la "referendumo" estis alta. Oni asertas ke de 87 ĝis 99 procentoj el la loĝantoj en la diversaj provincoj voĉdonis por aliĝo al Rusio. Post du tagoj Kremlo deklaris, ke la "novaj teritorioj" ekde nun kaj por ĉiam estas parto de Rusio. La anekso estas krimo kontraŭ internacia juro kaj ĝin rekonis nur Norda Koreio.

Sed se denove paroli pri la oranĝa revolucio, Kostiantin diras, ke li nur en la lastaj jaroj ekkomprenis ĝian signifon.

– Ŝanĝoj de regantoj estas nepraj por konservi la demokration. Se la sama persono havas la potencon tro longe, tiu forgesas sin mem kaj perdas la limojn. Oni eble venis al la potenco kun la celo konservi kaj fortigi la demokration, sed se oni havas la potencon tro longe, oni forgesas tion. En Rusio la demokratio estis malmuntita, oni forprenis de la popolo la potencon.

Tio eble riskis okazi ankaŭ en Ukrainio, kiam Leonid Kuĉma per manipulitaj elektoj provis transdoni la potencon al sia propra ĉefministro Viktor Janukoviĉ. Sed en tiu momento Kostiantin ne multe pensis pri la afero.

– Ĉio tio okazis tre distance de ni. Kaj en tiu tempo mi ne ricevis fidindajn informojn. En mia proksimeco estis neniuj homoj, kiuj povus klarigi al mi, kio fakte okazas. Tial la aferoj pasis preskaŭ senrimarke. Nur nun mi komprenas, ke tio estis grava paŝo, komenco. Antaŭ tio ni eble ankaŭ ne havus la revolucion de la jaro 2014.

Nur plurajn jarojn post la disfalo de Sovetio Kostiantin komencis pensi, kion fakte signifas, ke li loĝas en sendependa Ukrainio.

– En la komenco ĉio estis malklara. Mi estis 12-jara kiam Sovetio ĉesis ekzisti, sed kiel infano mi ne spertis, ke estus io speciala pri Ukrainio. Miaj gepatroj parolis ruse, sed mi memoras, ke mia avino parolis ukraine. Aŭ mikslingve. Kaj la ŝanĝoj post la fino de Sovetio estis ege malrapidaj. La 1990-aj jaroj estis malfacila periodo. Miaj gepatroj ne perdis la laboron, sed la salajron oni pagis kun grandega prokrasto, la prezoj enorme altiĝis, kaj la mono sufiĉis por nenio. Nur ekde la fino de la 1990-aj jaroj la aferoj ekiris en pli bona direkto.

La periodo de Leonid Kuĉma kiel prezidento de Ukrainio en la jaroj 1994–2004 estis relative sukcesa rilate la ekonomion. La hiperinflacio estis haltigita kaj la paneinta ekonomio denove ekkreskis. Privatigo de ŝtataj industrioj komenciĝis, sed samkiel en Rusio, koruptado kaj bonaj kontaktoj kun potenculoj ofte estis decidaj, kiam oni elektis, kiu rajtu iĝi posedanto de privatigataj entreprenoj. La neoficiala ekonomio estis tre ampleksa, laŭ iuj taksoj ĝis duono de la malneta nacia produkto, kaj mono funkciis kiel lubrikaĵo ankaŭ en la politiko: la prezidento simple aĉetis parlamentanojn por trabati siajn proponojn en la parlamento.

Ĝuste la koruptado, kaj la provo de Kuĉma vastigi sian potencon, kondukis al la reago en la jaro 2004. Sed kial nenio simila okazis en Rusio?

Kostiantin opinias, ke la plej multaj homoj ne volas okupiĝi pri politiko, nek en Rusio nek en aliaj landoj.

– Certa inerto estas natura ĉe ĉiuj homoj. Ja estus plej bone, se oni tute ne bezonus pensi pro politiko, se sufiĉus pagi la imposton, se la enspezo sufiĉus, kaj se oni povus okupiĝi nur pri tio, kion oni mem trovas interesa. Ĉar la majoritato de la homoj ja ne interesiĝas pri politiko. Sed ni tamen devas kompreni, kio okazas ĉirkaŭ ni, ja la prezidenton elektas ni. Ni dungas lin, kaj devas esti mekanismoj por maldungi lin kaj ŝanĝi al pli bona, se ni tion volas.

La problemo en Rusio estas, ke tiaj mekanismoj delonge ne ekzistas tie, opinias Kostiantin.

– Ili estis disbatitaj. Rusio estas polica ŝtato, tie ne ekzistas libereco de esprimo, aŭ ajna libereco. Kaj la homoj kompreneble timas. Por havi la liberon oni devas elverŝi sangon, sen tio ne eblas. Sed ili eble tion ne komprenas, aŭ ili timas, mi ne scias. Tamen se la samaj rusoj, kiuj nun elverŝas sian sangon en Ukrainio, anstataŭe leviĝus por sia propra estonteco kaj por la estonteco de siaj infanoj en Rusio, tiam ĉio status malsame, ĉe ili kaj ĉe ni. Mi ne scias, kial ili tion ne komprenas. Eble temas pri la enorma propagando, eble malfacilas ne subiĝi al ĝi. Kaj Putin ja etendis la tentaklojn de la rusia propagando al la tuta Eŭropo. La propagando estas la plej peza armilo de Rusio, kaj malfacilas ĝin eviti.

La imperio rebatas

2014

La du prezidentoj kaptas la blankan ŝnuregon, kiu estas fiksita al la batilo de la enorma sonorilo. Restas duonjaro ĝis ĉio estos renversita. La suno brilas en Krimeo. Viktor Janukoviĉ surhavas helan someran jakon kaj brunan pantalonon, dum Vladimir Putin portas formalan, malhelan kompleton. La bone nutrita prezidento de Ukrainio estas je tuta kapo pli alta ol lia rusia kolego, sed ambaŭ aspektas malgrandaj sub la 13-tuna sonorilego, kiu pendas de enorma, malhele griza skafaldo ekster la katedralo de Vladimir la Sankta en Ĥersoneso.

La ruinoj de la antikva greka urbo Ĥersoneso situas ĉe la suda flanko de la enpasejo al la unika natura haveno, kie la Nigramara floto de Rusio havas sian ĉefan bazon ekde 1804. La inaŭguro de la sonorilo estas parto de la solenaĵoj okaze de la 1025-jariĝo de la kristanigo de la Kijiva regno. Aŭ de Rusio, se oni rigardas la aferon el tiu perspektivo. Ĉi tie Volodimir la 1-a de Kijivo (aŭ Vladimir la Sankta) en 998 laŭdire akceptis bapton, kaj rekompence ricevis kiel edzinon Anna, la fratinon de la Bizanca imperiestro.

La festado komenciĝis en Kijivo jam la antaŭan tagon, la 27-an de julio 2013. Tie la du prezidentoj partoprenis solenan preĝon ĉe la statuo de Vladimir la Sankta, kiu el sia loko alte sur la deklivo de la dekstra bordo de Dnepro, kun kruco en la mano, gvatas orienten al la sovetiaj loĝdomegoj transe de la rivero. Poste Vladimir Putin partoprenis la konferencon "Slavaj-ortodoksaj valoroj – la fundamento de la civilizacia elekto de Ukrainio", kie li parolis pri la historia komuneco de Rusio kaj Ukrainio – ŝatata temo, al kiu li revenis kelkajn monatojn antaŭ la invado de 2022 en sia ampleksa amatorhistoriista eseo. Sed ankoraŭ ĉio estas trankvila, ĉar Ukrainio havas prezidenton, kiu obeas la grandan fraton.

Frumatene la 28-an de julio la du prezidentoj flugas el Kijivo al la aerarmea bazo Belbek rande de Sebastopolo. Post iom pli ol duona jaro rusiaj specialaj trupoj sturmos la saman flughavenon. De tie la vojaĝo pluiras aŭte al Ĥersoneso – loko sankta por ĉiu ruso, laŭ Vladimir Putin. Tie la plej gravaj estroj de Sebastopolo, grupo de pastroj en ore broditaj manteloj, paroĥanoj, kozakoj kaj korpogardistoj kolektiĝis ĉirkaŭ la sonorilego, kiu tre taŭge estas elfandita en Doneck, en la hejma regiono de prezidento Janukoviĉ.

Unue oni benas la sonorilojn kaj la prezidentojn. Metropolito Lazar trempas penikegon en granda, orkolora bovlo kaj aspergas la grandan sonorilon per benita akvo. Pli juna pastro transprenas la taskon kaj diskrete flugigas iom da akvo ankaŭ en la direkto de la prezidentoj. Poste la prezidantoj tiras sian ŝnuregon kaj aŭdigas la benitan sonorilon, trifoje.

Por fini la ceremonion, la prezidantoj ricevas ĉiu sian miniaturan kopion de la sonorilego kiel memordonacon. Viktor Janukoviĉ estas bonhumora kaj tuj sonigas sian ludilon. Putin ridetas, sed ne emas provi sian donacon antaŭ la televidkameraoj.

La vizito progresas kun komuna parado de la rusia kaj ukrainia Nigramaraj flotoj. La prezidentoj metas florojn ĉe la monumento de la heroa defendo de Sebastopolo dum la dua mondmilito – jen la heroaĵo, kies esencon Tatjana Kurmanova siatempe ne povis kompreni. Viktor Janukoviĉ parolas pri la strategia partnereco de Rusio kaj Ukrainio kaj neniu faras ĝenajn demandojn. Regas plena harmonio, oni solenis plian jubileon kaj la miljara kuneco de Rusio kaj Ukrainio refoje estas konfirmita.

Tamen la prezidentoj forgesis detaleton. Viktor Janukoviĉ ja promesis al la popolo, ke Ukrainio proksimiĝos al EU, ne al Rusio. Tiun promeson li estis devigita fari por sukcesi en la prezidenta elekto de 2010, kiam lia rivalo Viktor Juŝĉenko, la heroo de la oranĝa revolucio, unue seniluziigis ĉiujn. Janukoviĉ nun trompas siajn elektintojn kaj tiel konstruas la fundamenton por nova renverso, revolucio kiu baldaŭ ekzilos lin mem. Poste Rusio aneksos Krimeon kaj komencos la militon en orienta Ukrainio.

Juŝĉenko ne plenumis la grandajn atendojn post la oranĝa revolucio de 2004. La persekutado de politikaj kontraŭuloj ja ĉesis kaj la libereco de esprimado vastiĝis, sed li ne sukcesis fari multon pri la ĉiea koruptado, kiu venenis la vivon de entreprenistoj kaj fortimigis eksterlandajn investojn. Anstataŭ gravaj reformoj Juŝĉenko dediĉis tempon al simbola politiko, kiu multmaniere severigis la polarizitecon de la socio.

Krome li ne povis kunlabori kun Julija Timoŝenko, kiu apogis lin dum la revolucio, kaj poste dum du periodoj estis lia ĉefministro. Krome Juŝĉenko estis devigita en 2006, post parlamentaj elektoj, akcepti sian iaman rivalon Viktor Janukoviĉ kiel ĉefministron. Kiel eblis atendi, ankaŭ tiu kunlaboro ne funkciis. Post ekstraj elektoj en 2007 Timoŝenko revenis al la posteno de ĉefministro – kaj la malkonkordo inter la prezidento kaj la registaro nur pliiĝis.

Tial ne estis granda surprizo, ke Juŝĉenko en la unua raŭndo de la prezidenta elekto en 2010 ricevis nur 5,5 procentojn el la voĉoj. En la dua raŭndo konkuris liaj du iamaj ĉefministroj: Viktor Janukoviĉ kaj Julija Timoŝenko. Venkis Janukoviĉ.

Jam samjare Janukoviĉ komencis vastigi sian propran potencon. Post la oranĝa revolucio lia propra partio apogis ŝanĝon de la konstitucio por limigi la potencon de la prezidento, sed kiam Janukoviĉ mem iĝis prezidento, li aranĝis ke la konstitucia kortumo trovu tiun ŝanĝon kontraŭkonstitucia. La malnova teksto de la leĝo estis restarigita kaj la potenco de la prezidento revastigita.

Sekvajare Janukoviĉ aranĝis, ke Timoŝenko estu enprizonigita, kulpigata interalie pro aprobo de malfavora gaskontrakto kun Rusio, dum ŝia ĉefministra periodo en 2009. Janukoviĉ certigis ankaŭ la longigon de la lukontrakto de la Rusia Nigramara floto en Sebastopolo ĝis 2042. Rekompence Ukrainio ricevis 30-procentan rabaton de la gasoprezo.

Dum la oranĝa revolucio pruvis, ke la popolo en Ukrainio povas influi kaj ŝanĝi la politikan tagordon, la postaj jaroj montris, ke demokratia evoluo neniel per tio estas garantiita, diras Ivan Gomza.

– Ni vidis, ke oni povas turni sin for de la vojo de aŭtoritatismo, sed post 2008 montriĝis, ke la evoluo same bone povas turniĝi reen al la vintro de aŭtoritatismo. Kaj post 2014 evidentiĝis, ke ĉi tiu vintro ne kreas sin mem, sed ke ĝi venas el Rusio. Post 2014 iĝis klare por la plej multaj, ke Rusio ne estas frata popolo, sed rabobesto, enorma rabobesto tuj ĉe nia limo.

Dum la regado de Juŝĉenko Ukrainio kaj EU komencis diskutojn pri la tiel nomata asociiĝa traktato. Poste, dum sia elekta kampanjo, ankaŭ Janukoviĉ donis sian subtenon al la traktato, kaj la diskutoj pluiris. La dokumento devis esti subskribita dum pinta renkontiĝo de EU en Vilno fine de novembro 2013, sed subite Janukoviĉ komplete renversis sian sintenon kaj anoncis, ke li ne subskribos. La popolo eble volis tion, sed Putin ne volis, kaj lia opinio pli gravis.

Jam baldaŭ post la komuna sonorila ceremonio de la prezidentoj en Ĥersoneso Rusio komencis komercan militon kontraŭ Ukrainio, por devigi la landon aliĝi al dogana unio kun Rusio, ne kun EU.

La mesaĝo de Rusio estis simpla: se Ukrainio rifuzos la traktaton kun EU, la grava komercado kun la granda orienta najbaro povus reveni al la normala amplekso. Krome Putin proponis tujan, favoran prunteton de 15 miliardoj da dolaroj por evitigi la ekonomian kolapson, al kies rando Janukoviĉ kondukis Ukrainion. La prezidento de Ukrainio kaptis la okazon kaj prenis la monon – sed li denove forgesis la popolon.

Tuj kiam iĝis konate, ke Janukoviĉ rubigis la EU-traktaton, protestantoj komencis kolektiĝi en la Placo de Sendependeco – Majdan Nezaleĵnosti, kie la oranĝa revolucio okazis naŭ jarojn pli frue. En la vespero de la 30-a de novembro estis nur kelkcent manifestaciantoj sur la placo, multaj el ili studentoj. Janukoviĉ kaj lia registaro volis rapide fini la protestojn por eviti novan revolucion. La kirasita tumultpolico perforte sturmis la placon kaj severe batis manifestaciantojn.

Tio estis misjuĝo. Jam la sekvan tagon la placon plenigis centmiloj da protestantoj, inter ili gepatroj kaj parencoj de la mistraktitaj studentoj. Inter la novaj manifestaciantoj estis ankaŭ Tatjana Kurmanova el Krimeo.

– Mi estis en Kijivo pro kongreso de esplorĵurnalistoj, kiam la studentoj estis batitaj. Ĉiuj partoprenantoj de la konferenco ekiris al Majdan, kaj tio estis turnopunkto en mia vivo. Mi vidis propraokule, kiel tute ordinaraj homoj en diversaj aĝoj spontanee eliris por protesti. Estis junuloj kaj maljunuloj, riĉuloj kaj senmonuloj, ĉiaspecaj homoj veturis en la metroo. Ili portis pneŭojn al la barikadoj, estis neniuj organizitaj grupoj, ili mem organiziĝis. Tio estis skua, tio ŝanĝis min kiel homon por ĉiam.

Subite Tatjana Kurmanova ne volis esti ĵurnalisto, stari apude, observi kaj raporti.

– Unuafoje mi partoprenis kiel aktivisto, mi venis tien por esti kun ĉiuj aliaj, por helpi. Ni preparis sandviĉojn en la domo de la sindikatoj kaj asistis laŭeble. Mi volis esti parto de tiu ĉi enorma potenco, ne nur spekti, sed unuafoje esti parto de la procezo.

Estis alloge, ke la homoj spontanee kapablis unuiĝi ĉirkaŭ io, kion ili opiniis profunde grava, ne por efemera politika celo, sed io pli granda. Temis pri justo.

– La granda homamaso aperis, kiam oni batis la studentojn. Ĉiuj parolis pri tio: simple ne eblas permesi ion tian. Unuafoje mi vidis ion neniam antaŭe spertitan: ĝeneralan konsenton. Mi vidis, ke homoj povas unuiĝi. Tio mankis al mi en la griza, indiferenta Krimeo. Mi eĉ ne pensis ke tio povus esti ebla.

Janukoviĉ kaj lia registaro ne volis cedi al la postuloj de la manifestaciantoj, kaj la protestoj daŭris semajnon post semajno. Tatjana veturis reen al Krimeo, ĉar ŝi devis labori, sed ŝi daŭre sopiris al Kijivo kaj revenadis al la Placo de Sendependo tiel ofte kiel eblis.

– Ni ja havis protestojn ankaŭ en Krimeo, sed tie malpli multaj kuraĝis eliri. Foje estis pli da ĵurnalistoj kaj policanoj ol manifestaciantoj. La partio de Janukoviĉ havis la potencon en Krimeo kaj uzis siajn rimedojn por disvastigi propagandon kontraŭ Eŭromajdano. Ili eĉ en la trolebusoj montris filmojn pri tio, ke la manifestaciantoj en Kijivo estas drogumitaj.

En Krimeo okazis, ke oni mistraktis la protestantojn, Tatjana diras.

– La atmosfero estis malagrabla. Tial mi volis veni al Kijivo laŭeble ofte. Ĉi tie ĉio estis tute nekredebla, estis tute alia sento ol en la griza, morna Krimeo, kie ĉio ŝajnis stagni. Kiam oni venis al Majdan en Kijivo, ĉiuj estis kvazaŭ unu granda familio, ĉiuj spiris samtakte. Povas soni troige kaj patose kiam oni diras tion nun, sed en la momento la sento estis tia.

La protestoj daŭris tri monatojn. En januaro 2014 la majoritato de Janukoviĉ en la parlamento aprobis aron da leĝoj, kiuj limigis la liberecon de esprimado kaj protestado, sed tio kaŭzis nur, ke eĉ pli da homoj eliris por protesti kontraŭ la "diktaturaj" leĝoj. La interpuŝiĝoj de la protestantoj kaj policanoj iĝis ĉiam pli perfortaj. La plej severaj bataloj okazis de la 18-a ĝis la 20-a de februaro, kiam miloj da manifestaciantoj survoje al la parlamentejo renkontis la registarajn trupojn. Cento da protestantoj estis mortigita, multaj el ili de celpafistoj.

Tiam Tatjana Kurmanova ne plu estis en Kijivo – ŝi devis denove reveturi al Krimeo por labori.

– Mi revenis la 19-an de februaro. La sekvan tagon multaj estis mortigitaj en Majdan. Mi estis en la redakcio kaj deĵoris, ni spektis la elsendojn, ni ploris ĉe la ekranoj, kaj ni laboris.

La severiĝo de la perfortaĵoj kondukis al dividiĝo en la partio de Janukoviĉ, kie parto de la parlamentanoj ne plu volis subteni la registaron kaj la parlamenton. Supozeble parto de la parlamentanoj obeis flustrojn de oligarkoj, kiuj ne volis permesi al Janukoviĉ akapari la potencon. Malfrue en la vespero la nova majoritato en la parlamento ordonis al la trupoj forlasi la centron de Kijivo kaj malpermesis al ili pafi kontraŭ la protestantoj. Post longaj intertraktadoj Janukoviĉ kaj la reprezentantoj de la opozicio konsentis pri koalicia registaro kaj restarigo de la konstitucio de 2004, kiu limigis la potencon de la prezidento.

La interkonsento tamen perdis sian signifon, kiam Janukoviĉ subite fuĝis el Kijivo, unue al orienta Ukrainio, poste al Krimeo kaj fine, helpe de la rusiaj sekurservoj, pluen al Rusio. Intertempe Rusio utiligis la kaosan situacion en la lando kaj iniciatis la kontraŭleĝan anekson de Krimeo. Baldaŭ iĝis malleble labori tie kiel ĵurnalisto, rakontas Tatjana Kurmanova.

– Ni preskaŭ tuj komprenis, ke ni devos forveturi, ĉar kaj mi kaj mia edzo laboras en amaskomunikiloj, sed ni klopodis resti laŭeble longe. Iĝis ĉiam pli komplike, oni konfiskis la tutan ekipaĵon de la redakcio, oni faris traserĉadon, oni elpelis nin el la ejo. Sed por mi la lasta guto estis, kiam maljuna krimea tatara virino volis eniri buseton, kie mi sidis survoje al la laboro. Ŝi volis veturi senpage per sia pensiula karto. La ŝoforo komencis bleki kaj skoldi ŝin, li diris, ke ĉiujn jam tedas la krimeaj tataroj, ĉar ili estas sur la flanko de Ukrainio, ke ĉiuj malamas ilin. Kiam kelkaj aliaj pasaĝeroj prenis lian flankon, mi defendis ŝin, diris, kion mi opinias, kaj sufiĉe longe kriis al ili. Mi eliris el la buso kun tiu avineto, kaj ni kune ploris sur la haltejo. Poste mi telefonis al mia edzo kaj diris ke li aĉetu biletojn, ke mi ne plu povas resti ĉi tie.

La rusia konkero de Krimeo en februaro 2014 okazis preskaŭ sen sangoverŝado, ĉar la ukrainia armeo ne ricevis ordonon kontraŭbatali. Partoj de la armeo eĉ transiris al la flanko de Rusio, aliaj estis retiritaj al teritorio kontrolata de la registaro.

Baldaŭ komenciĝis provoj enkonduki rusian potencon ankaŭ en aliaj partoj de Ukrainio, antaŭ ĉio en la du plej orientaj provincoj de Doneck kaj Luhansk, kie ribeluloj direktataj de Rusio starigis du "popolajn respublikojn". Ekde la printempo de 2014 Rusio en la praktiko okupas la teritorion, kaj de tiam daŭras milito je varia intenso inter la armeo de Ukrainio kaj la ribeluloj financataj, armataj kaj direktataj de la registaro en Moskvo.

La iama instruisto Olha el Doneck memoras, ke ŝi kaj ŝia edzo ankaŭ ĉi-foje komence sintenis suspekte al la longedaŭraj protestoj en Kijivo. Ŝi ŝanĝis la opinion, kiam ŝi post la jarŝanĝo mem vidis la manifestaciojn dum vojaĝo tra la ĉefurbo.

– Ni atendis trajnon al Slovakio. Tio estis en januaro 2014, tuj antaŭ ol oni komencis pafi kontraŭ la protestantoj. Mi iris al Majdan por mem vidi kiel statas la aferoj. Mi ne havis ajnajn pozitivajn atendojn post tio, kion mi aŭdis hejme en Doneck, sed mi ŝanĝis la opinion kiam mi parolis kun homoj en la placo kaj aŭdis, kiel ili rezonas. Mi rakontis al mia edzo, kion mi vidis, kaj kiam la pafado komenciĝis, tio iĝis turnopunkto. Ekde tiam ni estis komplete sur la flanko de la protestantoj. Miaj amikoj en Doneck ne komprenis, kial mi ŝanĝis la opinion, sed mi ja estis tie mem, mi pensis pri tio, kion mi vidis, kaj mi estis honesta al mi mem.

La granda majoritato en Doneck sintenis negative al la revolucio de 2014 – sed tio ne signifas, ke ili estis sur la flanko de Rusio, aŭ ke ili apogis la novajn "popolajn respublikojn", diras Olha.

– Preskaŭ neniu volis al Rusio. Mi vidis tion per miaj propraj okuloj en Doneck. Oni veturigis homojn per busoj al la porrusiaj manifestacioj tie. Tiuj, kiuj spontanee partoprenis, estis niaj pensiuloj, homoj, kiuj vivis preskaŭ sian tutan vivon en Sovetio kaj volis reen al tio. Kelkaj el ili eliris, sed estis neniuj junuloj aŭ mezaĝuloj. Ili ne subtenis la protestojn. Se oni vidis junulojn, tiuj estis homoj el Rusio.

Dum aprilo 2014 pluraj policejoj en Doneck estis sturmitaj de por-rusiaj trupoj, kiujn estris la iama rusia FSB-agento Igor Girkin (Strelkov). La ribeluloj kaptis ankaŭ la televidstacion, kiu tuj komencis elsendi rusiajn programojn anstataŭ la ukrainiaj. En majo la separistoj organizis "referendumojn" pri la sendependo de la novaj "popolaj respublikoj" de Ukrainio.

– Ili kuradis tien-reen kun siaj pafiloj, ili aranĝis sian referendumon, kiun ni ne partoprenis. Ja estis iaj voĉdonejoj, sed nur triono el la ordinara kvanto dum veraj elektoj, kaj tamen ili estis preskaŭ malplenaj. Ili veturigis tien homojn por montri belan bildon, sed eĉ fizike ne eblus, ke majoritato partoprenus la voĉ-donadon en Doneck, Olha diras.

Ŝi estas konvinkita, ke granda majoritato de la loĝantoj en Doneck ne volis havi ion ajn komunan kun Rusio.

– Mi ne scias, kiel estis en malgrandaj vilaĝoj, povus esti mal-same, sed Doneck estis granda, bela, eŭropa urbo kun multe da entreprenuloj kaj edukitaj homoj, kiuj ĉefe estis sur la flanko de Ukrainio. Mi dirus, ke nur pensiuloj kaj stranguloj estis por Rusio. Kaj eble iuj homoj, kiuj ne havis la ŝancon mem viziti eksterlandon kaj vidi la vivon tie.

Olha kaj ŝia edzo restis du-tri monatojn, sed decidis forveturi al teritorio kontrolata de la registaro, kiam la situacio iĝis pli malsekura.

– Venis kozakoj el Rusio kun mitraletoj, estis lokanoj kiuj aliĝis al ili. Kiam Strelkov venis al Doneck kun sia granda kolono, ni komprenis ke ni devas forveturi. Krome ni ricevis averton, laŭ kiu mia edzo estas en la nigra listo de "Bandera-uloj". Mi kredas ke telefonis iu el miaj antaŭaj lernantoj, li havis kaŝitan numeron. Li diris, ke la nomo de mia edzo estas en la listo kaj ke ni devas forveturi.

La unuan jaron Olha kaj ŝia edzo loĝis en Kramatorsk, okdek kilometrojn norde de Doneck. Tiun urbon la separistoj sub gvido de Strelkov kaptis en aprilo, sed en la komenco de julio ili estis elpelitaj kaj retiriĝis al Doneck.

Olha esperis, ke ankaŭ Doneck baldaŭ estos liberigita, sed tio ne okazis.

– Ni perdis nian entreprenon en Doneck. Ni perdis nian apar-tamenton, la apartamenton de miaj gepatroj, kaj tiun de la filino. Bedaŭrinde la gepatroj de mia edzo restis en Doneck, ili ne povis forveturi.

Ankaŭ la filo de Olha komence restis en Doneck por fini la lernejon – la familio taksis, ke ĉefe la edzo de Olha riskas perse-kuton.

– Mi ĉiukaze bezonis resti proksime al la filo, do mi loĝis en Doneck en periodoj dum la lerneja jaro. Mi veturis tien ĉiun monaton kaj loĝis tie du semajnojn, krom en januaro 2015. Tiam estis severaj bataloj, kaj oni ne lasis nin pasi en ajna direkto, nek niaj uloj nek la aliaj. Estas apenaŭ cent kilometroj de Kramatorsk al Doneck, sed necesis veturi frumatene, ĉar la vojaĝo postulis ok ĝis naŭ horojn. Ĉe la kontrolpunktoj estis enormaj vicoj.

Kiam la filo finis la lernejon en la somero de 2015, la familio translokiĝis al Lvivo.

– Ni esperis, ke la milito finiĝos, sed tio ne okazis. Tial ni akompanis lin ĉi tien. Li estis akceptita por studoj ĉe tri diversaj teknikaj universitatoj: Kijivo, Ĥarkivo kaj Lvivo. Mi diris, ke Ĥarkivon ni forstrekas tuj, ĉar de la limo de Rusio oni ĝin atingas per tanko en duonhoro. Tiam oni ridis al mi. Kiam ĉi tiu nova milito komenciĝis, mia filo demandis, kiel mi povis scii, ke estos ĉi tiel.

Tion ŝi komprenis, ĉar ŝi parolis kun dekoj da rusaj soldatoj ĉe la kontrolpunktoj ekster Doneck, Olha tiam klarigis.

– Mi provis ja interrilati kun homoj dum ni vicatendis, mi parolis kun uloj sur ambaŭ flankoj. Mi diskutis ne nur kun niaj libervoluloj, sed ankaŭ kun la rusiaj oficiroj, kiuj kredis, ke ĉiuj vere estas sur ilia flanko. Tial ili parolis kun mi malferme. Mi parolis ankaŭ kun la rekrutoj de DNR, kaj komprenis, ke la milito ne finiĝis. Tial mi diris, ke Ĥarkivo tro proksimas. Kijivo laŭ ni estis tro kosta loĝloko. Tiel ni trovis nin ĉi tie.

Dum la tempo en Lvivo ŝia edzo ekmalsanis je kancero kaj forpasis. Por venki la malĝojon pro ĉio perdita ŝi komencis verki. Unue ekestis kantoj.

– Duonjaron post lia morto la kantoj venis al mi, mi tuj verkis ilin kun muziko. Ili venis en la ukraina, tio estis mirinda, ĉar mi parolis la rusan preskaŭ mian tutan vivon. Estis ege mornaj kantoj. La kuracisto diris al mi, ke mi eble fartus pli bone, se mi verkus prozon kun terapia celo, do mi faris.

La rezulto iĝis libro pri ukraina libervola bataliono, kiu haltigis la atakantojn en Donbaso.

– Estas beletra libro, mi kombinis diversajn rakontojn kiujn mi kaptis ĉe la vojkontroloj, kelkaj eble estas nur legendoj – multaj ŝatis rakonti ĉiaspecajn aferojn. Mi volis danki ilin iamaniere.

Unue mi ekverkis ruse, por terapio, mi opiniis, ke mi scipovas la rusan pli bone. Sed kiam mi montris la rezulton al amikoj, ili diris, ke necesas eldoni tion, kaj mi decidis verki la libron en la ukraina. Mi principe ne volas publikigi ion ajn en la rusa. Mi simple ne povas. Mi ne volas havi ajnan rilaton al ilia rusa mondo.

Ekde la komenco de la milito en 2014 multaj en Ukrainio ekkonsciis pri sia ukraineco, diras Olha. Kaj tiam la lingvo laŭ ŝi iĝas pli grava.

– Mi aŭdis la ukrainan ekde infanaĝo, sed mi apenaŭ parolis ĝin, nur kiel infano en la kamparo. Ĉar en la vilaĝoj ekster Doneck oni parolas ukraine, malsame ol en la urboj, kien translokiĝis homoj el la tuta Sovetio. Sed nur ĉi tie en Lvivo mi iĝis vere ukrainlingva. Eĉ mia edzo volis ekparoli ukraine, kvankam li estis beloruso. Tio montras, ke la ukraina nacio vekiĝis. Mi ne diras, ke tio validas por ĉiuj, sed multaj, kiuj ne vekiĝis en 2014, ja vekiĝis en 2022.

La lingvo estas nur unu el la multaj aferoj, kiuj diferencigas ukrainojn disde rusoj. Alia klara diferenco estas en la politika kulturo, Olha opinias.

– Ni havas fortan memfidon kaj estas ofte tre kritikaj unu al la aliaj kaj al la estroj. Tial ni ĉiam forelektas niajn prezidentojn. Sed eble ne temas nur pri tio, eble ankaŭ pri historio. Oni nin dividis en diversajn pecojn, ni estis sub diversaj landoj. Tial ni daŭre ŝanĝas, jen ni elektas iun, kiu volas esti pli proksima al la okcidento, jen iun kiu volas proksimiĝi al la oriento. Eble tiu deziro de daŭra ŝanĝado malaperos, kiam ni iĝos pli unuiĝintaj kiel nacio. Eble tio ne ĉiam estas bona, sed ni ne eltenas mankojn ĉe tiuj, kiuj gvidu nin.

Aliflanke ja ne estas nur malbone ĉiam sinteni kritike al la potenculoj, ŝi poste diras.

– Eble nia forto troviĝas en tio, kio samtempe estas nia malforto.

Eduard, kiu en la aŭtuno de 2013 laboris en la futbala klubo Ŝaĥtar en Doneck, memoras ke ankaŭ li komence sintenis dube al la protestoj en Kijivo.

– Kompreneble estis multaj demandoj pri Janukoviĉ. Lia rego kaŭzis problemojn al la entreprenoj de multaj homoj, la lando komencis boli, kaj Putin lin manipulis kiel marioneton, tion ni ĉiuj komprenis. Do pli aŭ malpli frue tio devis okazi. Sen la Majdana revolucio ni eble nun estus vasaloj de Rusio. Sed tiel multaj saviĝus de la morto. Eble por ili estus pli bone, se la revolucio ne okazus. Sed nun ni devas liberiĝi de Rusio por ĉiam. Mi esperas je Dio, ke tio okazos, tiel ke ni povu tute forgesi tiun landon, ĉar ilia vojo ne estas la nia. Ĉiuj tiuj babiloj pri frata popolo… kiaj diablaj fratoj estas tiuj, kiuj bombas nin?

Eduard estas certa, ke ekde la komenco Rusio direktis la separistojn en Donbaso.

– Ĉio, kio okazis tie, estas pro Rusio. La ministoj mem neniam elpensus ion tian. Ili finis sian laboron, trinkis cent gramojn da brando, manĝis barĉon, spektis televidon kaj kuŝiĝis en la lito.

Sed ofte la ruslingvaj ministoj en Donbaso spektis rusian televidon. Kaj kiam la separistoj kaptis la televidejon, jam estis nenio alia por spekti – ili ja tuj malŝaltis la ukrainiajn kanalojn kaj ŝaltis rusiajn en ties loko.

Ĝuste Putin kaj lia propagando detruis la popolon en Rusio, diras Eduard.

– Dum la tempo de Jelcin tie estis relative liberale, mi memoras, ke oni povis protesti. Sed kiam venis tiu KGB-ulo… Li ja sidas tie pli ol dudek jarojn, kaj paŝon post paŝo transformis la landon al polica ŝtato. Tio, kion oni tie montras en televido, estas kiel en frenezulejo, estas teruraĵoj. Li komencis kultivi propagandon de perforto, la rajton de la fortulo. Ili prenis Krimeon de ni, kiam nia lando estis malsana kaj malforta. Estas kvazaŭ se homo svenus, tiam li venas kaj ŝtelas la monujon. Ili profitis el la fakto, ke ni ne havis funkciantan registaron. Kompreneble oni povas kritiki ankaŭ nian flankon, oni devis ne fordoni tion sen batalo. Sed ĉiuj timis doni la ordonon, ĉiuj timis sangon. Kaj tion ni devas nun manĝi. Se ni tiam rezistus, eble finiĝus tie.

Eduard mem plu loĝis en Doneck sufiĉe longe ankaŭ post kiam la separistoj kaptis la potencon. Li ja havis sian laboron en la granda futbala areno, kies posedanto – la oligarko Rinat Aĥmetov – krome financis helpotransportojn el la registara teritorio. La futbalejo transformiĝis al granda deponejo de helposendaĵoj.

– Ni veturigis kamionegojn al Doneck kaj helpis al pacaj loĝantoj, al kiuj mankis nutraĵoj. Miaj gepatroj restis tie, nu, ili ankaŭ nun estas tie. Ni laboris pri la helpotransportoj ĝis 2017. Poste tiuj lokaj potenculoj forprenis la arenon de ni kaj devigis nin ĉesi. Tiam mi prenis la familion kaj ni translokiĝis al Kijivo, ĝis Ŝaĥtar proponis al mi postenon en Mariupol.

La universitata instruisto Serhij naskiĝis kaj kreskis en Mariupol, kaj li sin trovis tie, kiam la ribeloj el la "Popola respubliko Doneck" (DNR) dum iom da tempo kaptis la urbon en la printempo de 2014.

– Ni havis leĝeran version de tiu popola respubliko. Ne estis tute klare, kiuj gvidis la aferon, sed parto ŝajnis esti lokaj stranguloj, dum aliaj estis "turistoj" el Rusio. Estis miraklo, kiel ili tiel rapide sukcesis havigi tiom da flagoj de Rusio. La loka polico estis konfuzita kaj ne sciis kion fari, multaj certe pensis, ke tie baldaŭ estos Rusio, kaj ne volis riski. Do ili ne haltigis la separistojn kiuj okupis la urban konsilantaron kaj bruligis ĝin. Dum kelkaj monatoj ne klaris, kiu havas la potencon en la urbo.

Serhij restis kaj plu laboris en la universitato, la ribeluloj ne estis tre multaj kaj ili ne havis tempon enmiksiĝi en la laboron de la universitato.

– Ĉio restis kiel kutime, kvankam nia rektoro estis diskreta kaj forprenis nian ukrainan flagon. Tio estis ĝusta, ne eblas scii, kio okazus alikaze. Sed estis leĝera variaĵo de Doneck, kiel dirite, en iu parto de la urbo regis DNR, en alia parto restis la oficiala administracio, sed ne klaris, ĉu tiu obeas Kijivon aŭ ne.

La urbodomo de Mariupol estis sturmita de DNR-ribeluloj en la mezo de aprilo 2014. La ukraina nacia gvardio rekaptis la kon-struaĵon en la komenco de majo, sed estis devigita retiriĝi. Tiun okazaĵon memoras eĉ Oksana, kiu cetere ne multe zorgis pri la diversaj revolucioj:

– Dum kelkaj monatoj estis maltrankvile en la urbo, dum la printempo de 2014. Oni bruligis la urbodomon. Mia plej juna nepino estis en la hospitalo ĝuste tiam, ŝi havis bronkiton, kaj ĉio tio okazis tuj apud la malsanulejo. Mia filino telefonis je la dek-unua vespere el la hospitalo kaj diris ke oni bombas, ke la urbodomo brulas. "Venu preni nin", ŝi diris. Sed tiam ne eblis ja. Mi diris, ke ŝi metu kusenojn kaj ŝrankojn kaj kion ajn antaŭ la fenestroj kaj kuŝiĝu kun la infano laŭeble distance, sub litkovrilo. Se oni bombas, estas plej bone resti en pordomalfermo, tie malplejas la risko de ruiniĝo, mi diris. Je la kvina matene mi iris preni ilin tie.

Kiam la separistoj poste sturmis ankaŭ la policejon, ukrainaj militistoj estis senditaj al la urbo. Ĝi estis rekaptita meze de junio, kaj iĝis grava centro de la registara teritorio en la provinco de Doneck, ĉar la urbo Doneck mem estis okupita de la separistoj.

La liberiĝo de Mariupol en la somero de 2014 pasis relative trankvile, diras Serhij.

– La plej multa perforto okazis, kiam la separistoj sturmis la policejon en majo kaj estis haltigitaj de la ukrainaj soldatoj. Cirkulis amaso da famoj kiuj asertis, ke la ukraina armeo pafas kontraŭ pacaj loĝantoj, kaj okazis rabado ĝis la 13-a de junio, kiam la ukrainaj fortoj kune kun Azov eniris la urbon kaj liberigis ĝin de DNR. La separistoj ne estis ege multaj, aŭdiĝis iom da interpafado en la centro, kelkaj estis kaptitaj kaj kelkaj forkuris.

La bataliono Azov, kiu havis gravan rolon en la liberigo de Mariupol en 2014, estis unu el pluraj libervolulaj batalionoj, kiuj estis fonditaj por subteni la ukrainan armeon en la batalo kontraŭ la separistoj. Parto el la fondintoj estis dekstraj ekstremistoj, kio en la rusia propagando estas uzata por stampi la tuton de Ukrainio "nazia". La vero tamen estas, ke la ekstremaj naciistoj dum la militaj jaroj verŝajne estis pli multaj sur la rusia flanko de la fronto, dum la subteno de ekstremismaj dekstraj partioj en Ukrainio estas tiel malforta, ke tiuj eĉ ne sukcesas superi la kvinprocentan baron por eniri la parlamenton.

Serhij opinias, ke la okazaĵoj de 2014 estis multe pli grava turnopunkto en la evoluo de la ukraina nacio ol estis la oranĝa revolucio.

– Tiu estis nova impulso, la unua impulso en la formiĝo de la ukraina politika nacio.

Li ĉirkaŭrigardas en la kafejo apud la operejo de Lvivo, kie ni sidas.

– Eble ne por la jenaj homoj ĉi tie. Por ili la ukraina lingvo kaj Ukrainio estas propraj ekde la infanaĝo, ili naskiĝis kun la ukraina identeco. Sed por ni, esti ukraino estas elekto, kaj ne temas pri etna deveno. Oni povas esti etna ruso, greko, aŭ miksaĵo de ĉio ebla. Estas elekto. En 2014 multaj homoj elektis Ukrainion. En Mariupol eble estis minoritato, sed estis aktiva minoritato, kaj tiu minoritato portis grandajn ŝanĝojn al la socio.

Krom la socia etoso, multo ŝanĝiĝis ankaŭ fizike – almenaŭ en Mariupol, kiu iĝis siaspeca montrofenestro de la moderna, okcidentema Ukrainio ĉe la limo al la okupitaj teritorioj.

– Mariupol estis liberigita kaj ĝi floris, ĝi iĝis ege bela urbo dum la lastaj kvin jaroj. Oni konstruis infrastrukturon, parkojn. Kaj ne temis nur pri la aspekto de la urbo, aperis multaj kreaj kluboj, la junularo ŝanĝiĝis. Mariupol ne plu estis postsovetia, postindustria periferio.

Ĉar la provinca ĉefurbo Doneck estis "provizore okupita" – tia estas la oficiala ukraina termino – kelkaj aŭtoritatoj translokiĝis sin al Mariupol. La nacia universitato de Doneck translokiĝis al Vinnicja, ducent kilometrojn sudokcidente de Kijivo, sed ankaŭ al la universitato de Mariupol venis novaj homoj.

– Tamen en Mariupol nur minoritato estis klare porukrainia. La majoritato estis nek-nek, por ili plej gravis havi laboron, tutsimple. Kaj la lokaj potenculoj komprenebla estas sub oligarka rego, sed ili ja transformis la urbon al bela loĝloko.

La oligarko, pri kiu parolas Serhij, estas Rinat Aĥmetov, la posedanto de la futbalklubo Ŝaĥtar, kaj almenaŭ ĝis 2022 la plej riĉa homo de Ukrainio. Li amasigis sian posedaĵon dum la kaosaj 1990-aj jaroj, kaj iĝis la reĝo de Donbaso post kiam du konkurantoj estis murditaj.

La iama mafia estro Aĥat Bragin, kiu en la momento de sia morto estis la prezidanto de Ŝaĥtar, estis murdita en 1995 per bombo metita sub lia sidloko enla stadiono de Ŝaĥtar en Doneck. En la sekva jaro la tiam plej riĉa homo de Ukrainio, Jevhen Ŝĉerban, estis murdita en la flughaveno de Doneck, kie lia privata aviadilo ĵus surteriĝis. La du murdistoj eniris la terenon de la flughaveno helpe de falsaj dokumentoj. Unu el ili pafis Ŝĉerban en la postkranion, la alia ŝutis kuglojn sur ĉiuj apuduloj el sia aŭtomata pafilo. Krom Jevhen Ŝĉerban mem, ankaŭ lia edzino kaj du flugmekanikistoj estis mortigitaj.

Ambaŭ murdoj estis la rezulto de longedaŭra batalo pri potenco en la organizita krimo, kiu en la 1990-aj jaroj havis proksimajn ligojn al la entreprenado en Donbaso. Aperis multaj versioj pri tio, kiu fakte mendis la murdojn, sed neniam oni sukcesis pruvi iun el ili. La rezulto ĉiukaze estis, ke granda parto el la posedaĵoj de Ŝĉerban venis en la manojn de Aĥmetov, kiu siavice iĝis la plej riĉa homo en la lando – kaj la posedanto de Ŝaĥtar.

Tiel okazis la aferoj en la 1990-aj jaroj, en Ukrainio kaj ankaŭ en Rusio. La organizita krimularo en Donbaso havis proksimajn kontaktojn trans la limo. Rinat Aĥmetov siavice havis proksimajn kontaktojn kun Vktor Janukoviĉ, kiu antaŭ ol iĝi ĉefministro kaj prezidento estis interalie la provincestro en Doneck. Aĥmetov aliflanke estis interalie parlamentano en la partio de Janukoviĉ, kies funkciadon li financadis.

Post la fuĝo de Janukoviĉ al Rusio en februaro 2014 Aĥmetov ekhavis problemojn ambaŭflanke de la frontlinio. Ekster lia oficejo en Kijivo manifestaciantoj postulis, ke li respondecu pri siaj ligoj kun la nun ekzila prezidento. En Donbaso la separistoj atakis liajn entreprenojn.

Post la komenca kaoso la separistoj permesis al Aĥmetov plu funkciigi la industrion en ilia teritorio. Ambaŭ flankoj permesis transportojn trans la frontlinio, ĉar la industrio estis esenca por la funkciado de la ekonomio. Estis periodo, kiam karbo el minejoj en la ribela teritorio estis transportata al la koaksigejoj en Avdijivka en la registara teritorio. Poste la koakso estis retransportita al la ribela teritorio, kie ĝi estis uzata en la fandejo de Aĥmetov en Jenakijeve apud Doneck. Poste la preta ŝtalo estis reveturigita al la registara teritorio kaj eksportita de tie.

La stranga aranĝo iel funkciis ĝis 2017, kiam la separistaj "registaroj" – supozeble laŭ Kremlaj ordonoj – alproprigis plurajn ukrainajn entreprenojn kiuj pagadis siajn impostojn al Kijivo kaj ne al la separistoj. Inter tiuj estis ankaŭ la entreprenoj de Aĥmetov. En Mariupol, sur registara teritorio, la ŝtalfabriko Azovstal povis plu funkcii pliajn kvin jarojn, ĝis la rusia atako ruinigis grandajn partojn de la urbo.

Mikola Krigin, la pastro en Buĉa, konsentas ke multo en la socio ŝanĝiĝis en 2014, post la tiama rusia atako. La ŝanĝiĝo estis multe pli granda ol en la oranĝa revolucio jardekon pli frue – sed multe malpli granda ol li esperis.

– Dum la oranĝa revolucio unuavice temis pri elekto de persono – ĉu ni havu la krimulon Janukoviĉ kiel prezidenton, aŭ tamen Juŝĉenko, kiu estis porukraina kaj almenaŭ militservis. Tio estis elekto inter la bandita rego kaj bazaroj de la 1990-aj jaroj unuflanke, kaj la civilizita mondo aliflanke. Ĉu ni plu vivu kiel en la 1990-aj kun la bazaroj, piramidaj ludoj kaj krimado, aŭ ĉu ni volas iĝi civilizita lando? Ni elektis la vojon de civilizo, sed Juŝĉenko ne kapablis plenumi la atendojn. Tial Janukoviĉ povis reveni al la potenco.

La oranĝa revolucio temis pri ŝanĝi la sistemon de interne, diras Mikola. Post dek jaroj, kiam la Krimeo estis aneksita kaj la milito komenciĝis, evidentiĝis, ke la minaco venas de ekstere – la baza problemo estas Rusio, li diras.

– Nia elekto nun iĝis: ĉu ni estu ukrainoj, aŭ ĉu ni sekvu la malnovan sovetian ideologion? Rusio apogas la malnovan sistemon, ili volas devigi nin akcepti ĝin. La oranĝa revolucio estis ia turnopunkto, sed 2014 iĝis elekto de civilizo. En kiu mondo ni vivu? Multaj ruslingvanoj komencis aliĝi al ni ukrainlingvanoj, pli da homoj venis al nia ukraina preĝejo. Ni komencis okupiĝi pri volontula laboro, ĉiusemajne de ĉi tie veturis aŭtoj kun vestaĵoj kaj aliaj aferoj bezonataj ĉe la fronto. Komencis aperi novaj volontulaj movadoj. Tiam ni eksentis, ke ni havas plenvaloran ukrainan ŝtaton. Ni ekkomprenis, ke ne sufiĉas estigi ordon ene de la lando, ni devas krome trovi nian lokon en la mondo, kiel civilizita ŝtato.

Kiam la milito en orienta Ukrainio komenciĝis en 2014, la lando spertis grandan ondon de patriotismo. Parapetoj de pontoj, bariloj, lampfostoj kaj muroj ĉie en la lando estis farbitaj bluaj kaj flavaj. Restantaj statuoj de sovetiaj komunistaj estroj estis faligitaj kaj komunistajn stratonomojn ekanstataŭis ukrainaj. Ĉi tiun "senkomunismigon" celis la furiozanta Vladimir Putin, kiam li en februaro 2022 televidparolis sojle de la grandskala invado.

Sed multo el la novmalkovrita patriotismo eble estis nura surfaco, tiam timis Mikola.

– Ĉio estis farbita blua kaj flava, sed mi vidis neniujn profundajn ŝanĝojn. Apogantoj de la nacia futbala teamo eble svingis la ukrainan flagon en la stadiono kaj skandis "Ukrainio! Ukrainio!" – sed ili tion faris en la rusa! Surfacaj ŝanĝoj estas kiel pastraj vestaĵoj – oni iĝas pastro ne ĉar oni surmetas pastran mantelon, la gravaj aferoj kiuj igas vin pastro troviĝas en via interno. Kaj al mi mankis ĉi tiuj pli profundaj ŝanĝoj. La milito daŭris, kaj samtempe povis okazi, ke oni festis kun artfajraĵoj. Ni kolektis helpsendaĵojn, sed multaj tute ne pensis pri la milito. Tamen daŭris milito en Ukrainio, atako kontraŭ nia ŝtato, kaj niaj soldatoj defendadis nian landon. Sed multaj restis distance, kaj tial estiĝis la demando: ĉu la socio pretas kontraŭi atakanton aŭ ne? Ĉu oni eble bonvenigos konkerantojn, kiam ili venos?

❖

Servanto de la popolo

2019

Tuj antaŭ noktomezo la 31-an de decembro 2018 multaj ukrainoj sidas antaŭ sia televidilo kaj atendas la novjaran saluton de prezidento Petro Poroŝenko. Tiuj, kiuj ŝaltis la popularan kanalon 1+1, ekvidos ion tute alian.

Anstataŭ la prezidento sur la ekrano aperas la juna, ruslingva komikisto Volodimir Zelenskij. Li estas neformale vestita, la plej supra butono de la blanka ĉemizo estas nefermita, mankas kravato kaj jako.

– Bonan vesperon, amikoj! li komencas en la rusa.

Zelenskij klarigas, ke li volas uzi la paŭzeton en la programo por iom interrilati kun spektantoj. Poste li subite transiras al la ukraina lingvo:

– La situacio en Ukrainio hodiaŭ estas tia, ke ĉiu ukraino havas tri vojojn inter kiuj elekti. Oni povas plu vivi kiel kutime, sekvi la fluon, kaj tio estas tute en ordo, ĉiu elektu por si mem. La dua vojo estas paki siajn aĵojn kaj veturi al alia lando por perlabori monon kaj sendi ĝin al siaj proksimuloj. Ankaŭ tio estas tute en ordo. Sed estas ankaŭ tria vojo: provi mem ion ŝanĝi en Ukrainio. Kaj tiun vojon mi elektis por mi mem.

Zelenskij diras, ke li, male ol "grandaj politikistoj", ne volas fari malplenajn promesojn, sed ion li tamen promesas:

– Nun, kelkajn minutojn antaŭ la nova jaro, mi promesas ion, kion mi povas tuj plenumi. Karaj ukrainoj, mi promesas kandidati en la elekto de la prezidento de Ukrainio. Kaj mi plenumas la promeson: mi kandidatiĝas por iĝi la prezidento de Ukrainio. Ni faru ĉi tion kune. Mi deziras al vi bonan novan jaron kaj novan servanton de la popolo!

"Servanto de la popolo" estas la nomo de populara televidserio de Zelenskij. En ĝi li aktoras instruiston de historio, kiu hazarde iĝas prezidento de Ukrainio. La televidserio estas la plej proksima kontakto kiun Zelenskij ĝis nun havis kun politiko. Tamen post nur tri monatoj kaj tri semajnoj li gajnos la duan raŭndon de la prezidenta elekto kun grandega majoritato. La sekvan veran prezidentan novjaran saluton en televido faros li mem. Li inter-traktos kun Vladimir Putin por trovi solvon al la longedaŭra milita konflikto en la oriento. Kaj kiel prezidento li estos la supera komandanto de la armeo de Ukrainio kiam Rusio atakos grand-skale en februaro 2022. Kiel okazis ĉio ĉi?

Tuj kiam ni ekparolas pri la prezidenta elekto de 2019, la politika sciencisto Ivan Gomza volas atentigi, ke li mem ne voĉdonis por Zelenskij. Tion aliflanke faris liaj gepatroj.

– Kiam mia edzino eksciis tion, ŝi diris, ke ŝi ne plu parolos kun ili. Feliĉe ne iĝis tiel, sed ili ne plu parolos pri politiko.

Ankaŭ la ĵurnalisto Tatjana Kurmanova, kiu en 2014 fuĝis el Krimeo, antipatias al Zelenskij. Laŭ ŝi li estas popolisto, diras tion, kion la homoj volas aŭdi, sed donas neniajn klarajn respondojn. Anstataŭe li dronigas la publikon en fluegon de belaj vortoj, en kiu ĉiu povas trovi la deziratan mesaĝon, ŝi opinias. Kaj li tion faras lerte.

– Ne nur ordinaraj, politike nespertaj homoj estis trompitaj de la mito, laŭ kiu li estas homo de la popolo. Mi havis konatojn en diversaj civitanaj movadoj, kiuj same kredis, ke malfermiĝos fenestro de novaj ŝancoj, se ni havos junan, ambician prezidenton. Sed ne tio okazis.

La plej multaj elektantoj tamen estas nek politikaj sciencistoj nek kritikaj ĵurnalistoj, kaj Zelenskij logis ilin al la balotejoj. En la dua raŭndo tutaj 73 procentoj voĉdonis por li. Unu el ili estis la 24-jara Anna el Nikopol, kiu fuĝis al Lvivo kun sia edzo kaj du infanoj.

– Jes, mi voĉdonis por li. Se li ne rekandidatos, mi eĉ ne iros voĉdoni. Mi volas ke estu Zelenskij, li faris aferojn, kiujn ne faris aliaj prezidentoj. Li komencis konstrui vojojn, li dispelis la parlamenton, li estas kompetenta. Multaj kredis, ke la prezidento fuĝos, kiam la milito komenciĝis. Sed li restas. Li restos ĝis la fino, li iros nenien antaŭ ol la milito finiĝos. Kaj je Dio, kiel mi atendas ke la milito finiĝu!

Anja, kiu laboris en sukeraĵejo en Ĥarkivo antaŭ la fuĝo al Lvivo, same voĉdonis por Zelenskij.

– Tiam mi unuafoje voĉdonis, mi ne kutimas fari tion. Mi faris tion en ambaŭ raŭndoj, kaj ni voĉdonis por Zelenskij kvankam ni ne kredis, ke li povos gajni. Unue mi eĉ pensis, ke estas ŝerco ke li kandidatos, sed estis vero. Kaj li ne forlasis la landon dum la milito, pro tio homoj respektas lin. Duono el la homoj opinias, ke Poroŝenko estas idioto, sed pri Zelenskij ne estas tiel, li estas homo kiun ni vere respektas.

Oksana el Mariupol, kiu havis problemojn pri la friduĵo, same estas apoganto de Zelenskij, kvankam ŝi ĝenerale suspekteme sintenas al politiko entute.

–Poroŝenko jam ŝtelis tiom, ke li ne sciis, kion fari per ĉio. Ili opinias, ke Zelenskij estas simpla pajaco el la televido, sed jen la popolo rajtis decidi: ĉu oni lasu tiujn plu ŝteladi, aŭ ĉu oni vidu, kion la pajaco povas fari? Ĉu li nur teatroludos por la popolo, aŭ ĉu li gvidos la landon? Kaj nun montriĝas, ke li ne tiom aĉe gvidas la landon.

Oksana kredas, ke Zelenskij ĉiukaze estas malpli koruptita ol multaj aliaj politikistoj.

– Li ja ne estis nuda kiam li venis al la posteno, li jam havis domon kaj aŭtojn kaj filmstudion. Komprenble povas esti, ke li iom gajnis apude. Se oni estas prezidento, oni ja ĉiam havas la eblon helpeti tiun kaj jenan homon, kaj eble iu repagas.

Jevhen el Huljajpole, urbo proksima al la fronto en la provinco de Zaporiĵo, loĝas en la futbala areno en Lvivo atendante permeson elveturi el la lando. Tian li rajtas ricevi, ĉar li havas tri infanojn. Li estas duobla ukrainia ĉampiono en ĵuĵicuo, sed en 2014 li estis grave vundita en bicikla akcidento, kaj tie finiĝis lia sporta kariero. Ankaŭ Jevhen voĉdonis por Zelenskij, kaj li opinias, ke la prezidento bone prizorgas siajn taskojn.

– Antaŭe estis multe da korupto, banditoj kaj subaĉeto. Post 2014 iĝis nur pli malbone. Sed nun ne eblas fari tiel, ne eblas subaĉeti homojn, la leĝo validas. Zelenskij faris ĉion kiel li diris. Oni asertis, ke li estos malforta, ke li estas nur aktoro, komikisto, sed mi voĉdonis por li. Kaj li ne forlasis Ukrainion, li baras la vojon al Putin kaj Rusio, la plej granda lando en la mondo.

Kiam la ŝatata prezidento de Putin, Viktor Janukoviĉ, fuĝis al Rusio en februaro 2014, la postenon provizore transprenis la prezidanto de la parlamento, Oleksandr Turĉinov. Spite la daŭrantan militon oni en majo 2014 aranĝis prezidentan elekton, kiun la iama ministro de eksterlandaj aferoj Petro Poroŝenko gajnis jam en la unua raŭndo. La duan fojon en la historio de Ukrainio dua raŭndo ne estis bezonata. Unuafoje tio okazis en la unua prezidenta elekto de la sendependiĝanta Ukrainio en decembro 1991, kiam Sovetio formale plu ekzistis. Tiufoje la prezidanto de la parlamento, Leonid Kravĉuk, ricevis 62 procentojn el la voĉoj.

La situacio dum la prezidenta elekto de 2014 estis same escepta, kaj la bezono de nacia unueco same granda. Petro Poroŝenko ricevis 55 procentojn el la voĉoj kaj majoritaton en ĉiuj regionoj. La duan lokon atingis la antaŭa ĉefministro Julija Timoŝenko, kiun Janukoviĉ enprizonigis kaj kiun la revolucio liberigis. Ŝi ricevis 13 procentojn el la voĉoj.

Poroŝenko estis unu el la plej videblaj politikistoj dum la revolucio de 2014. Li krome ricevis la subtenon de la populara boksisto kaj parlamentano Vitalij Kliĉko, kiu same estis inter la gvidantoj de la revolucio. Kliĉko decidis mem ne partopreni en la prezidenta elekto. Anstataŭe li kandidatis kaj estis elektita al la posteno de urbestro de Kijivo.

La nova prezidento multmaniere estis tipa ukraina politikisto – sukcesa entreprenisto kun bonaj kontaktoj. Li sukcesis iĝi ministro kaj dum la regado de la okcidentema Viktor Juŝĉenko kaj dum la pli Kremlema Viktor Janukoviĉ. Poroŝenko eble ne apartenis al la riĉegaj oligarkoj, sed oni foje nomis lin "minigarko" – li ja havis kaj prosperan ĉokoladfabrikan imperion kaj propran televidkanalon, kiun li sukcese uzis por fortigi siajn poziciojn.

Dum sia prezidenta mandatperiodo Petro Poroŝenko interalie sukcesis validigi interkonsenton pri senviza veturado en la Schengen-spaco, kio havis enorman signifon por ordinaraj ukrainoj – subite Eŭropo sentiĝis multe pli proksima. La viza interkonsento, kiu ekvalidis en la somero de 2017, ebligis al ĉiuj civitanoj de Ukrainio kun nova, biometria pasporto libere veturi en preskaŭ la tuta Eŭropa Unio.

Kunlabore kun EU Poroŝenko enkondukis plurajn reformojn por malpliigi la koruptadon kaj fortigi la juroŝtaton en Ukrainio. Dum lia mandatperiodo Ukrainio fortigis kaj profesiigis sian defendon, kiu iĝis pli kapabla kontraŭstari la atakojn en la oriento. Antaŭ tio Poroŝenko tamen estis devigita subskribi la du Minskajn interkonsentojn, kies kondiĉoj estis humiligaj por Ukrainio, por iel haltigi la daŭrantan atakon de la rusia flanko en Donbaso.

Post la subskribo de la dua Minska interkonsento en februaro 2015 la frontlinio restis praktike senŝanĝa ĝis februaro 2022, kaj la milito grandparte neintensa. Vera armistico tamen neniam estiĝis, kaj la kondiĉoj de la interkonsento estis neplenumeblaj. Ukrainio opinis, ke ne eblas aranĝi en Donbaso liberajn kaj justajn elektojn, dum fremdaj trupoj restas en la teritorio kaj Ukrainio ne povas plene regi la limon kontraŭ Rusio. La rusia flanko male opiniis, ke Ukrainio ne rajtu regi sian propran limon, antaŭ ol oni aranĝos elektojn en maniero aprobita de Rusio.

En januaro 2019, kiam Volodimir Zelenskij komencis sian elektan kampanjon, la plej multaj ukrainoj kutimiĝis pensi, ke la milito estas io distanca, io, pri kio ne necesas zorgi. Multaj krome tediĝis je la ordinaraj, malnovaj politikistoj. La sloganoj de Poroŝenko sonis kiel eĥo de iamo longe for: "Armeo! Lingvo! Religio!"

Taŭge ĝis la prezidenta elekto Poroŝenko sukcesis ricevi de la ekumena patriarko de Konstantinopolo rekonon de la nova unuigita ortodoksa eklezio de Ukrainio, sendependa de la Moskva patriarko. Por soleni la rekonon kaj kolekti voĉojn, Poroŝenko kune kun la eklesiaj estroj ĉirkaŭveturis en regionoj kie li esperis trovi subtenon.

La intereso por la granda eklezia sukceso de Poroŝenko tamen estis limigita. Krome tiuj, kiuj trovis la aferon grava, verŝajne ajnakaze voĉdonus por li. Simile statis la aferoj rilate lian impeton por plu fortigi la oficialan statuson de la ukraina lingvo. Kaj certe Poroŝenko dum siaj kvin jaroj kiel prezidento sukcesis renovigi la armeon – sed nun la elektantoj preferis ne tro multe pensi pri la milito, kiu ĉiukaze okazis distance kaj ne ŝajnis rekte rilati al la ĉiutaga vivo.

Oni longe supozis, ke la ĉefa kontraŭulo de Poroŝenko en la prezidenta elekto denove estos la iama ĉefministro Julija Timoŝenko. Samkiel Poroŝenko, ankaŭ ŝi havis longan pasintecon en la politiko de Ukrainio. Ambaŭ estis kulpigitaj pri korupta profitado, kaj ambaŭ jam seniluziigis la elektantojn per nerealigo de promesitaj reformoj. Kiam la kampanjo de Zelenskij akcelis, la enketoj montris, ke efektive la ĉefa kandidato estas li.

Kiel ofte okazas en la politiko de Ukrainio, la postulado de ŝanĝoj estis granda. La svagaj promesoj de Zelenskij pri fino al koruptado kaj al favorado de amikoj logis multajn, ĉar li mem kompare kun la dua aliaj ĉefaj kandidatoj ŝajnis senmakula. Multo en la elekta kampanjo de Zelenskij temis pri ne aspekti kiel politikisto kaj ne diri ion ajn, kio povus forpuŝi voĉdonantojn.

Kiam Vladimir Putin tri jarojn pli malfrue komencis la invadon de Ukrainio, li admonis la ukrainajn militistojn forpreni la potencon de la "krima bando de droguloj kaj novnazioj". Lia aserto pri la naturo de la registaro havis nenian rilaton al la realo, sed ne li estis la unua, kiu asertis, ke Zelenskij uzas drogojn. Tiu akuzo estis parto de ampleksa kotoĵeta kampanjo dum la parte farsa prezidenta elekto. Krom drogulo, oni asertis ke Zelenskij estas stirata de la oligarko Ihor Kolomojskij – kaj marioneto de Putin.

Faktoj havis limigitan signifon en la elekto. Anstataŭe la batalo inter Zelenskij kaj Poroŝenko ekhavis la formon de absurda teatro, kiu same bone povus esti parto de la komedia serio de Zelenskij pri Vasilij Goloborodko, la instruisto de historio kiu hazarde iĝas prezidento.

Dum Zelenskij restis en la kulisoj, Poroŝenko provis devigi lin partopreni televidan debaton. Poroŝenko interalie seninvite sturmis televidan studion dum rekta elsendo, kiam Zelenskij eĉ ne estis en Ukrainio, kaj asertis, ke ĝuste tiam kaj tie devas okazi la debato. El la studio Poroŝenko telefonis al Zelenskij, kiu informis, ke li estas okupita pro renkontiĝo kun alia prezidento, Emmanuel Macron en Parizo. Poste Zelenskij finis la interparolon.

Je alia okazo Poroŝenko debatis kontraŭ malplena pupitro. Kiam la debato fine vere okazis – en granda sporta areno, laŭ la postulo de Zelenskij – la du kandidatoj unue donis sangoprovon sub atenta observado de la amaskomunikiloj, por pruvi, ke neniu el ili estas drogulo.

La konfuzo inter Zelenskij kaj lia rolfiguro Goloborodko ne estis io, kion liaj kampanjistoj klopodis malhelpi, prefere male. Zelenskij krome lerte ekspluatis sian mankon de politika sperto, aranĝante kunvenojn de entreprenistoj por "kolekti proponojn" pri necesaj reformoj.

Sojle al la unua raŭndo de la prezidentaj elektoj fine de marto 2019, sume 750 eŭropaj observantoj estis dissenditaj al ĉiuj partoj de la lando por sekvi la voĉdonadon kaj kalkuladon de la voĉoj. Mi mem estis en teamo, kiun la ambasado de Svedio sendis por inspekti plurajn voĉdonejojn en kaj ĉirkaŭ la urbo Ĉerkasi ĉe Dnepro, proksimume cent kvindek kilometrojn sudoriende de Kijivo. Ni trovis malmulton pri kio raporti, kiam ni sekvis niajn longajn kontrollistojn. En preskaŭ ĉiuj voĉdonejoj jam ĉeestis almenaŭ unu observanto kiu reprezentis iun el la prezidentaj kandidatoj, plej ofte du aŭ tri.

Kiam la voĉdonado komenciĝis, jam ne eblis eliri el la ejo kiun ni elektis. Tiu estis malgranda, iom eluzita lerneja sporthalo, kun du verde farbitaj spalieroj, oranĝkoloraj lernejaj seĝoj kaj tabletoj. La kurtenoj de la kvar voĉdonbudoj ĉe la fora mallonga muro havis la kolorojn de la ukraina flago. Meze de la bruna planko el lignotabuloj staris ses numeritaj, travideblaj balotujoj.

La proceduro estis zorge priskribita en la instrukcioj, kaj oni ĝin sekvis senriproĉe. Kiam la formularoj estis pretaj, la oficistoj konstruis el deko da lernejaj tabletoj unu grandan tablon, ŝaltis fortan lampon sur stativo apud la tablo, kaj malfermis la unuan balotujon. La balotiloj, kiujn oni elverŝis sur la improvizitan tablon, estis longaj paperaj rubandegoj – estis entute 39 kandidatoj, eĉ se nur tri el ili havis realan ŝancon pluiri al la dua raŭndo.

Unu post alia la oficistoj prenis el la amaso po unu balotilon, voĉlegis la nomon de la kandidato kiu ricevis krucon, montris la balotilon al la aliaj oficistoj kaj ni observantoj, kaj fine transdonis ĝin al la persono kiu respondecis pri la voĉoj de la koncerna kandidato. Baldaŭ montriĝis, ke unu el la stakoj kreskas pli rapide ol la aliaj.

Ĉiu oficisto, kiu tuŝis la balotilojn, havis stampitan legitimilon, kiu pendis sur la kolo. Ĉirkaŭ la tablo estis deko da homoj kaj multaj ridoj, sed ĉiuj sintenis ege serioze al la tasko. Ĉi tio estis solenaĵo de la demokratio.

Daŭris proksimume du horojn fini la kalkulon. En ĉi tiu balot-ejo Zelenskij venkis kun klara majoritato, sed la prezidanto de la komisiono aspektis zorgita. La ciferoj ne akordiĝis. La kvanto de kalkulitaj balotiloj ne egalis kun la ciferoj en la protokolo. Oni rekalkulis la balotilojn, unu stakon post alia, ĝis oni trovis la eraron. Ĉio do tamen estis ĝusta. La prezidanto povis elspiri. La balotiloj estis pakitaj en brunan paperon, la pakaĵoj sigelitaj kaj tri reprezentantoj de la loka elekta komisiono sidiĝis en aŭto por transdoni la balotilojn kaj la protokolojn al la distrikta komisiono. Ni sekvis per nia aŭto por certiĝi, ke neniuj balotiloj malaperos survoje.

Kiam ĉio estis preta en la tuta lando, montriĝis, ke Zelenskij klare gajnis kun 30 procentoj el la voĉoj, dum Poroŝenko ricevis nur 16 procentojn kaj Timoŝenko 14 procentojn.

En la dua raŭndo, post pliaj tri semajnoj da reciproka kotoĵetado inter la du restantaj kandidatoj, la rezulto iĝis eĉ pli klara. Zelenskij venkis kun enorma marĝeno kaj ricevis 73 procentojn el la voĉoj. Nur en la plej okcidenta parto de Ukrainio, ĉirkaŭ Lvivo, Poroŝenko ricevis pli da voĉoj ol Zelenskij.

La elekto estas gajnita, nun tempas plenumi la promesojn. Sed kion Zelenskij fakte promesis? Tio ne tute klaras.

La ĵurnalisto Tatjana Kurmanova opinias, ke Zelenskij plenumis nenion el tio, kion li promesis.

– Ĉiam estas postulado de ŝanĝo en Ukrainio. Oni ĉiam volas voĉdoni por novaj partioj, estas nacia tradicio ĉiam voĉdoni por la opozicio. La popolismo ebligas gajni elektojn, sed ĝi samtempe kaŭzas, ke preskaŭ ĉiam la gajninto poste malgajnas la sekvan elekton, ne plenuminte la promesojn. Sed al Zalenskij tio nun ne minacas. Li havas la aŭreolon de venkanto, li estas la viro, kiu ne ektimis kaj ne forkuris. Kvankam ja devus evidenti, ke prezidento tion ne faras.

Eblus opinii, ke Tatjana Kurmanova iom tro senkompate kritikas la prezidenton. Post la komenco de la milito Zelenskij demonstris grandan personan kuraĝon kaj ekstreme bone sukcesis en la intertraktadoj kun Usono, EU kaj NATO pri milita kaj ekonomia subteno al Ukrainio. Eksterlande li iĝis la heroa vizaĝo de la lando, kaj samtempe ĉiam klare diris, ke la honoron havu la popolo de Ukrainio, ne li persone. Sed ja veras, ke dum la jaroj antaŭ la granda milito Zelenskij ne atingis grandajn sukcesojn en la laboro de reformado. Same veras, ke ukrainoj tre diligente kritikas siajn estrojn.

Elektoj en Ukrainio ofte pensigas pri aŭkcio, diras Tatjana Kurmanova.

– Estas aŭkcio de promesoj. Tiu, kiu promesas plej multe, ricevos la potencon. Nia problemo estas, ke la elektantoj havas malbonan memoron, ili malofte memoras, kion ekzemple Timoŝenko faris antaŭ dek jaroj, aŭ antaŭ dudek. Oni kreas belan bildon de la kandidato, kaj la elektantoj voĉdonas por tiu bildo, ne por tio, kion la homo konkrete faris pli frue.

Ĝuste Julija Timoŝenko estas ekzemplo de ukraina politikisto, kiu ŝanĝis direkton tiomfoje, ke neniu plu scias, kion ŝi efektive opinias. Post la komenco de la milito ŝi laŭdire postulis ke ŝi de tempo al tempo rajtu aperi en la televido, por ke ŝia partio subtenu la registaron en la parlamento. Kiam ŝi en la somero de 2022 malkovris liberan spacon en la dekstra rando de la politika spektro, ŝi komencis diskonigi sin kiel defendanton de konservativaj "familiaj valoroj".

La asociiĝa traktato kun EU, kiu estis subskribita post la revolucio de 2014, estis la elirpunkto de pluraj reformoj, kiujn Ukrainio ekde tiam kun varia sukceso klopodis realigi. La malcentriga reformo, kiu fortigas la municipan aŭtonomion kaj rapidigas la evoluon de elektronika administrado, sukcesis plej bone. En la kontraŭkorupta laboro la sukcesoj estis pli limigitaj, dum la reformo de la kortuma sistemo, kie multas korupto kaj ligoj kun politiko, je kelkaj gravaj punktoj tute ne progresis.

Tamen ĝuste la reformo de la justico estas plej grava, diras Tatjana Kurmanova.

– Ĝin ne realigis Poroŝenko, kaj tiu estis lia plej serioza eraro. Zelenskij promesis restartigi la kortuman reformon, sed nun estas jam 2022, kaj nenio okazas. Li ne havas sufiĉe da politika volo por realigi la reformon, kiu tamen estas la fundamento por juroŝtato. Promesoj restas promesoj, kaj por mi tio ne estas surprizo, tio estas, kion mi atendis.

Plia promeso, kiun Zelenskij donis dum la prezidenta kampanjo, estis ke li regos dum nur unu mandatperiodo kaj realigos la necesajn reformojn – poste li liberigos la lokon al novaj fortoj. Ankaŭ tiun promeson li rapide forgesis – jam antaŭ la milito Zelenskij komprenigis, ke li tamen eble bezonos plian mandatperiodon por atingi siajn celojn. Se la rusia invado ne komenciĝus en februaro 2022, Zelenskij verŝajne estus trafita de la sama sorto kiel liaj antaŭuloj kaj perdus sian popularecon, kredas Tatjana Kurmanova.

– Sed ĉi tiu milito igis lin heroo, parte dank' al internaciaj amaskomunikiloj kaj eksterlandaj ŝtatestroj, kiuj lin suprenlevas.

Kaj se oni ion kapablas en la oficejo de la prezidento, do verki paroladojn. Liaj paroladoj vere estas bonaj kaj necesaj, sed krom ili bezonatas konkretaj agoj. Laŭ mia opinio, plej fundamenta estas la justica reformo.

Kiam la prezidenta kampanjo komenciĝis en januaro 2019, pasis jam preskaŭ kvin jaroj post la revolucio. Multaj silente akceptis la perdon de Krimeo, kaj la milito en la oriento jam delonge estis malintensa konflikto, kie la linio de la fronto restis tiel stabila, ke oni eĉ markis ĝin en surmuraj mapoj, kiuj estis vendataj en la librovendejoj. Neniu ukraina politikisto evidente povis malferme proponi, ke Ukrainio rezignu pri la "provizore okupitaj teritorioj" por atingi stabilan pacon kun Rusio, sed multaj ja svage esperis, ke Zelenskij parolos kun Putin kaj almenaŭ atingos ĉesigon de la regulaj artileriaj dueloj trans la linio de kontakto en Donbaso.

Tatjana Kurmanova opinias, ke la unueco estiĝinta en 2014 estis elĉerpita post kvin jaroj da ĉefe malintensa militado.

– La socio fragmentiĝis. Estis iuj, kiuj plu aktive laboris pri ĉio rilata al la defendo. Volontuloj komprenis, ke la milito daŭras, ili plu rakontadis pri la okazaĵoj ĉe la fronto. Sed multaj aliaj, eble majoritato, preferis pensi ke la milito estas ie distance, ke ĝi ja estas aĉaĵo, sed ke tamen la aferoj ne estas tiel unusencaj. Ili pensis, ke oni eble povas ion solvi per intertraktadoj, ke oni eble vere devas cedi pri io.

Sed kion oni cedu, aŭ kiel oni povu pluiri pri la strangaj Minskaj interkonsentoj, kiuj malobservis la suverenecon de Ukrainio, pri tio multaj el la elektantoj de Zelenskij ne vere pensis.

– Se rigardi opinisondadojn, ne multaj entute komprenis, kion la Minskaj interkonsentoj signifis. La milito ne estis prioritata temo, kaj la elektantoj de Zelenskij eble vere kredis ke li ion solvos. Kiel, tio ne klaris. Liaj elektantoj havis tre diversajn opiniojn, triono ekzemple opiniis, ke Ukrainio aliĝu al NATO, dum triono opiniis, ke Ukrainio restu neŭtrala.

La tria triono supozeble havis nenian fortan opinion pri la demando, sed Zelenskij sukcesis konvinki ĉiujn, ke li havas precize la saman opinion kiel ili mem.

– Lia rekorda rezulto estis unuavice la konsekvenco de tio, ke li ne respondis klare al eĉ unu demando. Sed la homoj vere voĉdonis por li. Ne okazis elekta fraŭdo kiel dum Janukoviĉ, la civitanoj de Ukrainio vere elektis lin. Sed niaj intervjuoj montris, ke ĉiuj ĉi elektantoj havis tute diversajn ideojn pri la estonteco. Ĉar li ne donis klarajn respondojn, la elektantoj povis interpreti liajn belajn diraĵojn laŭ sia plaĉo.

La laciĝo pri la milito en la jaro 2019 estis fatala, opinias Tatjana Kurmanova.

– Precipe por la militistoj estis ofende aŭdi homojn diri, ke ili laciĝis pri la milito. Tio signifos nur, ke la misiloj povos ekfaladi ankaŭ sur viajn domojn, ili diris. Kaj ĝuste tion ni vidis en 2022. Nun ni laciĝis pri la milito en tute alia maniero.

Tamen eblas demandi, ĉu Ukrainio povis fari ion por eviti aŭ haltigi la rusian invadon de 2022. Ĉar Rusio pruvite respektas interkonsentojn nur dum tio estas favora al Rusio, ajnaj cedoj supozeble kaŭzus nur pliajn postulojn. Ĉar la okcidento apenaŭ reagis al la Rusia anekso de Krimeo en 2014, Kreml samtempe havis neniun kialon kredi, ke la reago iĝos alia, se Rusio prenos plian pecon de Ukrainio – aŭ la tutan landon.

La sloganoj, kiujn Zelenskij uzis dum sia elekta kampanjo, estis bele elpensitaj sed svagaj. Unu estis "Neniuj promesoj, neniuj pardonpetoj", laŭ populara ukraina ŝlagro de la 1990-aj jaroj kun la sama titolo. Alia estis "Vesna pridje – sadĵati budemo", kiun eblas interpreti aŭ "La printempo alvenas, ni ekplantos" aŭ "La printempo alvenas, ni enprizonigos ilin".

La subkomprenita – kaj tre populara – mesaĝo estis, ke la malnovaj, koruptaj politikistoj estos punataj pro siaj pekoj. Zelenskij krome promesis "finon al la malriĉo", sed ne aparte klare diris, kiel li intencas altigi la vivnivelon en la lando.

Krome multaj ukrainoj, kiuj tediĝis je la milito, efektive dividis la esperon de Zelenskij, ke la multjara konflikto en la oriento iel povos esti solvita per rekta intertraktado kun Putin.

Tiu espero, kombine kun la vortoj de la ruslingva Zelenskij pri tio, ke ne gravas, kiun lingvon parolas ukraino, estis dum la elekta kampanjo uzata por aserti ke Zelenskij estas utila idioto de Kremlo. Sed la elektantoj ŝatis lian mesaĝon.

En Ukrainio koruptado okazas sur ĉiuj niveloj en la ŝtata aparato kaj la justica sistemo. Ĝin Zelenskij ne sukcesis elsarki, ĉar multaj potenculoj eĉ ĝis la konstitucia kortumo mem profitas de ĝi.

Spite la promesojn li same ne elsarkis la favoradon de amikoj en politiko. Multaj el liaj plej proksimaj kunlaborantoj estas liaj malnovaj amikoj kaj kolegoj de la aktora epoko.

Komence de sia mandatperiodo Zelenskij tamen havis kelkajn sukcesojn en la intertraktadoj kun Rusio. En la aŭtuno de 2019 la du landoj realigis interŝanĝon de kaptitoj, kiu ricevis grandan publikan atenton. Rusio krome redonis tri malgrandajn ukrainiajn militŝipojn, kiuj unu jaron pli frue estis perforte kaptitaj de la rusia armeo.

En decembro 2019 Zelenskij renkontis Vladimir Putin en Parizo por intertraktadoj, sed proksimume tie finiĝis la sukcesoj. Sur la alia flanko simple mankis ajna deziro eĉ provi serĉi solvon de la konflikto en Donbaso, kiun ambaŭ flankoj trovus akceptebla.

Precipe antaŭ la renkontiĝo en Parizo multaj en Ukrainio timis, ke Zelenskij lasos Rusion konduki lin laŭ sia propra volo, diras la politika sciencisto Ivan Gomza sur la teraso en Kijivo.

– La forta subteno de Zelenskij en 2019 interalie baziĝis sur la espero, ke ĉio denove povos iĝi kiel en la malnovaj tempoj, ke oni povus ŝajnigi, ke Krimeo ne ekzistas. Tion timis mia edzino, pro tio ŝi ne volis paroli kun miaj gepatroj, post kiam ili voĉdonis por Zelenskij. Kaj mi komprenas ŝian timon. Ankaŭ mi timis, ke iu kun lia kultura fono, iu, kiu en la 1990-aj jaroj laboris en Rusio, povus esti risko por la naciaj interesoj de Ukrainio.

La kialo, pro kiu Rusio ne sukcesis utiligi la rezulton de la prezidenta elekto eble estis, ke Putin subtaksis Zelenskij kaj ne sintenis al li serioze, diras Ivan Gomza.

– Pli ruza kontraŭulo eble povus havi utilon el Zelenskij, sed ni vidis nur la malestimon de eksa KGB-oficiro al eksa komikisto. Li metis Zelenskij en situacion, kie la sola elekto estis resti patrioto.

Ĝis la komenco de la granda milito la politiko de Zelenskij malhavis klaran direkton kaj eltenemon. Li skoldis sian ĉefministron en televido laŭ la stilo de Putin – tamen ĉe ronda tablo anstataŭ la kvarangula de Putin. Li elŝanĝis la registaron kaj sian plej proksiman konsiliston. Lia parlamenta grupo fragmentiĝis. La promesita justica reformo ne okazis.

Komence de la jaro 2021 Zelenskij deklaris plenan militon kontraŭ la Kremlaj fortoj en la ukraina politiko, ŝajne ĉar lia propra populareco ekvelkis. Lia konsilio de nacia sekureco enkondukis sankciojn kontraŭ la plej proksima kunlaboranto de Putin en Ukrainio, la oligarko kaj parlamentano Viktor Medvedĉuk. Ties tri televidkanaloj, kiujn oni opiniis Kremlaj propagandiloj, estis malpermesitaj. Poste Medvedĉuk estis akuzita pri ŝtatperfido kaj metita en hejma aresto.

La konkretaj akuzoj temis pri malpermesita aĉetado de karbo de la ribela teritorio en 2014, dum aktivaj bataloj. En decembro 2021 ankaŭ la eksa prezidento Petro Poroŝenko estis akuzita pri partopreno en krima karbokomerco kun la ribela flanko. Lin minacis ĝis 15 jaroj en malliberejo pro ŝtatperfido. Kiam Zelenskij ne sukcesis plenumi siajn aliajn elektajn promesojn li revenis al la slogano "La printempo alvenas, ni enprizonigos ilin".

Sed la Rusia invado ŝanĝis ĉion.

Dum la akra fazo de la milito ĉiaj internaj politikaj malkonsentoj estis flankenmetitaj. Zelenskij faris tion, kion li plej bone kapablas – li komunikadis, sur majstra nivelo, kaj al la hejma publiko kaj al la ĉirkaŭa mondo. Sed li samtempe profitis la situacion, en kiu la funkciado de la amaskomunikiloj devas esti limigata kaj samdirektata.

Ekde la komenco de la milito la plej gravaj televidkanaloj kunigis sian novaĵan raportadon en komuna "novaĵa maratono", kiun ĉiuj kanaloj sendas paralele. Origine la celo estis ekonomie uzi la haveblajn rimedojn kaj laborfortojn, por povi daŭrigi kontinuan raportadon spite ĉiujn problemojn kaŭzitajn de la milito, kaj por certigi ke ne estos diskonigitaj informoj, kiuj povus utili al la malamiko.

La rezulto tamen iĝis, ke ankaŭ rajtigita kritiko kontraŭ la prezidento kaj la registaro malaperis el la elsendo. Reprezentantoj de la opozicio malofte videblas, kaj la direkto de la komuna maratona elsendo estas regata de la prezidenta oficejo. Televidkanaloj, kiuj ne partoprenas en la komuna elsendo, sen klara jura kialo perdis siajn permesojn por tradiciaj surteraj elsendoj, kaj povas daŭrigi nur en la reto kaj per satelito. Post kelkaj monatoj ĵurnalistaj organizaĵoj komencis kritiki la situacion kaj postulis, ke la centra direktado de la televidaj novaĵoj estu forigita, sed senrezulte.

Kostiantin el la nun okupita Melitopol ne voĉdonis por Zelenskij. Li opinias, ke liaj subtenantoj estis trompitaj.

– Tiu homo ne estas profesiulo. Se li volis eniri politikon, li povus ja unue iĝi urbestro ie kaj montri kion li kapablas. Tiam oni vidus, ĉu li meritas iĝi prezidento aŭ ne.

Kostiantin komprenas, ke estis postulado de ŝanĝo, kiel ĉiam en demokratio – sed li timas, ke Zelenskij komencas iĝi aŭtokrateca.

– Oni silentigas opoziciajn kanalojn kaj la libero de esprimado estas limigata. Oni diras, ke tio estas pro la milito, sed tamen tio estas malagrabla. Mi ne scias, kiel iĝos estonte, sed mi ne kredas, ke la ukrainoj permesos, ke iu denove uzurpu la potencon.

Tatjana Kurmanova opinias, ke la ukrainoj ĉiam volas ŝanĝi la potenculojn – sed eble ne prezidenton Zelenskij, eble ne tuj post la milito.

– Nia socio ankoraŭ ne estas sufiĉe plenkreska por kompreni, por kio ni voĉdonas, ni ankoraŭ ne maturiĝis sufiĉe por analizi la okazaĵojn. Mi ja ŝatus esperi je io alia post la milito. Sed tiam Zelenskij havos ĉiujn fadenojn en siaj manoj kaj ĉiuj voĉdonos por li.

La koŝmaro

Februaro 2022

La 24-an de februaro Vladimir Putin vekis Ukrainion al koŝmaro.
– Ni vekiĝis frumatene ĉar la muroj skuiĝis, rakontas Oksana, kiu
antaŭ la milito laboris en kafejo en Mariupol.

– Ni dormis. Konato telefonis kaj vekis nin. Li diris, ke la milito
komenciĝis, prenu la familion kaj fuĝu! rakontas Eduard, kiu
laboris ĉe la futbala klubo Ŝaĥtar en Mariupol.

– Al mi je la kvina matene telefonis amiko, kiu loĝas apud la
limo al Krimeo ĉe Kalanĉak. Nun la milito komenciĝis, li diris.
Tion rakontas Dmitro, la juna studento de medicino el Ĥerson.

– La fenestro estis iomete malfermita. Mi aŭdis knalojn ekstere
en la mateno, similis al pafoj. Mi vidis homojn surstrate kaj
scivolis, kio okazas, sed neniu sciis. Kiam mi malfermis Facebook,
mi ekvidis, ke la milito komenciĝis. Ni loĝas sur la kvina etaĝo ĉe
la metroa stacio Armijska, do ni klare aŭdis la pafojn. Mi telefonis
al amikoj, kiuj loĝas pli norde, direkte al Saltivka. Ili diris, ke la
tramdeponejo tie jam estis disbombita. Tiam estis je la sesa horo
matene. Ni tuj forveturis el la urbo, rakontas Anja, kiu laboris en
sukeraĵejo en Ĥarkiv.

La rusia invado de plia ukraina teritorio komenciĝis ne en jam
okupita regiono, sed proksime al la vilaĝo Milove en la plej nord-
orienta parto de la provinco Luhansk, precize ĉe la limo kontraŭ
Rusio.

Ĝis la disfalo de Sovetio Milove kaj la rusia vilaĝo Ĉertkovo
sur la alia flanko de la fervojo en la praktiko estis la sama urbeto.

La limo inter la du landoj sekvas straton kun la nomo "Amikeco de la popoloj". La limo efektive longe estis nura streketo sur la mapo, kaj ĝis 2013 oni en Milove regule organizis ĉiujaran festivalon de ukrainaj kaj rusaj kantoj kun la nomo "La strato de amikeco". La amikeco finiĝis en 2014, kiam la milito en Donbaso komenciĝis kaj la posteno de la ukrainaj limgardistoj estis atakita per grenadĵetiloj. En septembro de 2018 barilo el pikdratoj estis starigita meze de la strato.

Je 03.40 en la mateno de la 24-a de februaro 2022 rusiaj tankoj transveturis la limon rande de la vilaĝo, por restarigi la amikecon de la popoloj.

La sekva signalo pri la rusia invado venis post kvaronhoro, el la gvatkameraoj de ukrainaj postenoj proksime al Kalanĉak, kie loĝas la amiko de la medicina studento Dmitro – dudekon da kilometroj nordokcidente de la limo kontraŭ la okupita Krimeo, laŭ la vojo al Ĥerson. La kameraoj montris civilulojn kaj militistojn kiuj kuris tien-reen. La lumo malŝaltiĝis kaj la kamerao transiris al infraruĝa filmado. Je 04.08 oni povis vidi kvar personojn en kamuflaj uniformoj preterpasi. Poste la gvatkamerao ĉesis funkcii.

Je 04.50 laŭ ukraina horo la televido de Rusio komencis elsendi la longan, registritan paroladon de Vladimir Putin, en kiu la furioza prezidento recitis longan liston de ĉiuj malbonaĵoj kontraŭ Rusio, pri kiuj kulpas la okcidento. Plej aĉa el la krimoj kompreneble estis, ke oni permesis al novaj landoj aliĝi al NATO:

La milita maŝino moviĝas, kaj mi ripetas, proksimiĝas ĝis plena kontakto kun niaj limoj. Kial ĉio ĉi okazas? De kie aperis ĉi tiu aŭdaca maniero paroli el pozicio de la propra ekskluziveco, senpekeco kaj senlimeco? De kie la senrespekte neglekta rilato al niaj interesoj kaj absolute leĝaj postuloj? La respondo klaras, ĉio estas komprenebla kaj evidenta. Soveta Unio en la fino de la 1980-aj jaroj malfortiĝis kaj poste tute disfalis. La tuta sekvo de la tiamaj okazaĵoj estas bona instruo al ni ankaŭ hodiaŭ, ĝi konvinke montris, ke la paralizo de la potenco kaj de la volo estas la unua paŝo al plena degenero kaj forgeso. Sufiĉis, ke ni dum momento perdis

*la fidon je ni mem, kaj jen – la ekvilibro de la potenco en la mondo
estis rompita.*

Kaj jen do alvenis la tempo restarigi la ekvilibron, kiu estis perdita
je la disfalo de Sovetio, laŭ Vladimir Putin.

Rande de Kijivo la universitata instruisto Ivan Gomza ankoraŭ
dormas, sed ne lia edzino.

– Ŝi apenaŭ dormis entute tiun nokton, ĉar estis suspekto, ke io
povos okazi. Je la kvina ŝi vekis min, kaj mi memoras precize kion
ŝi diris: "Ivan, vekiĝu, Putin sidas en rekta elsendo kaj deklaras
militon kontraŭ ni!" Sed rekta elsendo ja ne estis, estis registr-
aĵo. Ni sidis kaj spektis lian strangan lecionon pri historio dum
kvardek minutoj. Kiam ĝi finiĝis, ni komprenis, ke ni devas fari
ion. Mi unue ne opiniis, ke ni devus forveturi, mi volis atendi kaj
vidi, mi ne kredis, ke li atakos Kijivon. Ni ja kolektis hejme akvon,
grion kaj tiajn aferojn.

Sed jam dum la televida parolado de Putin la unuaj kroz-
misiloj trafis Kijivon. La familio decidis forlasi la ĉefurbon kaj klo-
podi atingi Lvivon, kie la bogepatroj de Ivan loĝas.

Putin havis multon por diri. La decido komenci "specialan
militan operacon" laŭ li temis ekskluzive pri sindefendo, ĉar la
okcidento estis preparanta atakon kontraŭ Rusio.

*Por atingi siajn proprajn celojn la gvidantaj landoj de NATO
ĉiamaniere subtenas ekstremajn naciistojn kaj novnaziojn en
Ukrainio, kiuj siavice neniam pardonos al la loĝantoj de Krimeo
kaj Sebastopolo ilian liberan elekton rekuniĝi kun Rusio. Ili kom-
preneble rampos ankaŭ al Krimeo, kaj en la sama maniero kiel al
Donbaso, kun milito, por mortigadi, kiel mortigadis sendefendajn
homojn la puntaĉmentoj de la ukrainaj naciistaj bandoj, la fi-
helpantoj de Hitler dum la Granda Patrolanda Milito. Ili krome
malferme deklaras, ke ili pretendas je tuta vico da aliaj teritorioj
de Rusio.*

Tute malklaras, pri kiuj "aliaj" teritorioj de Rusio Putin povis
paroli, kaj evidente nenia milita atako de Ukrainio por repreni

Krimeon aŭ la okupitajn partojn de Donbaso estis preparata. La retoriko pensigas pri la klarigoj de Stalino en novembro 1939, kiam li komencis la vintran militon kontraŭ Finnlando, asertite ĉar Finnlando "atakis Sovetion". La sola diferenco estas, ke Putin eĉ ne klopodis ŝajnigi, ke Ukrainio efektive atakis Rusion. Sufiĉis diri, ke Ukrainio *atakus* Rusion kun la subteno de NATO, se Rusio, pure sindefende kaj prevente, ne enirus la landon por tion malhelpi.

Sendependa Ukrainio entute havas nenian lokon en la oficiala interpreto de la historio, kiu dum la lastaj jaroj iĝis ĉiam pli superrega en Rusio. Laŭ Vladimir Putin la ukrainoj kaj la rusoj ja estas "la sama popolo", kio en la praktiko signifu, ke la ukrainioj estas rusoj. Laŭ ĉi tiu rakonto la fundamente konstanta kaj neŝanĝiĝanta Rusio dum ĉiuj tempoj estis minacata de la konstanta kaj neŝanĝiĝanta okcidento – eĉ se la rusa regno dum diversaj epokoj havis malsamajn nomojn, kaj eĉ se la okcidentaj atakantoj jen estis gvidataj de la kavaliroj de la germana ordeno, jen de Napoleono, Hitlero aŭ Biden. Kaj tial estas nature, ke Rusio nun asertas kontraŭbatali "naziojn", ĉar en tia historia perspektivo mankas diferenco inter germanaj nazioj kaj ordinaraj ukrainoj, se tiuj klopodas dividi la sanktan Rusion, kies nedisigebla parto Ukrainio nature estas.

Jelena, la instruisto de kemio el Lisiĉansk, kiu poste estis grave vundita de grenadero, eksciis pri la milito, kiam ŝia baptopatrino telefonis en la mateno de la 24-a de februaro. Tiam Jelena estis pretiĝanta por la labortago, estis ĵaŭdo.

– Ŝi volis scii, kien mi intencas iri. Al la laborejo, mi diris. "Kion do laboro, komenciĝis la milito", ŝi miris. Mi sciis nenion pri milito, mi ne spektis televidon aŭ aŭskultis radion, sed ŝi diris, ke oni pafis kontraŭ la flughaveno de Melitopol. La edzo de ŝia fratino laboras tie. Mi tamen veturis al la laborejo, ni havis distancan instruadon kiel kutime pro la pandemio. Mi laboris, poste mi veturis hejmen, kaj survoje reen mi vidis, ke la tuta urbo estas fermiĝanta. En la sekva tago mi ne plu veturis al la laboro.

Anstataŭe mi matenmanĝis hejme, kiam subite io eksplodis je kelkcentmetra distanco de nia domo. Ni loĝis en naŭetaĝa domo, kaj ĉiuj fenestroj forflugis, ĉiuj pordoj. Tiel ni komprenis, ke komenciĝis milito.

Ŝi estas unu el la ruslingvaj loĝantoj en orienta Ukrainio, kiujn Vladimir Putin asertas protekti:

La celo estas protekti homojn, kiuj dum ok jaroj estas subigataj al mokado kaj genocido flanke de la Kieva reĝimo. Kaj por tio ni strebos al senarmeigo kaj sennaziigo de Ukrainio, ni strebos meti antaŭ kortumo tiujn, kiuj kulpis pri la multaj, sangaj krimoj kontraŭ pacaj loĝantoj, inter tiuj ankaŭ civitanoj de Rusia Federacio. Samtempe al niaj planoj ne apartenas okupado de ukrainaj teritorioj. Ni ne intencas perforte devigi iun ajn al io ajn.

La kvanto de vero ĉi tie estas same minimuma kiel en la tuta parolado. Se ja okazis sangaj krimoj kontraŭ la civiluloj en orienta Ukrainio, do Putin rigardu en spegulon por trovi la kulpulon. La militon en Donbaso en 2014 komencis li mem – militon, kiu ja daŭris ok jarojn, sed en kiu la kvanto de civilaj viktimoj ĉiujare ŝrumpis, ĝis Putin komencis sian "operacon de liberigo".

Jelena eble ne tute kontentis pri la potenculoj en Kijivo, ŝi opiniis, ke iuj aferoj pli bone statis dum la sovetia tempo. La vivo estis pli stabila, ŝi diras. Sed ŝi ne invitis Putin, kaj ŝi ankaŭ ne estis subigita al genocido aŭ ajna perforto – ne antaŭ ol Putin atakis kaj grenado foreksplodigis duonon el ŝia vizaĝo.

Dum la jaro 2021 la totala kvanto de pereintoj inter la civila loĝantaro sur ambaŭ flankoj de la fronto en Donbaso estis 25. Tiu estis la plej malalta cifero ekde la komenco de la konflikto en 2014. En la unua jaro la cifero estis 2 084 civilaj pereintoj. Malgraŭ tio ĝuste "daŭranta genocido" estis la argumento de Putin por komenci novan mortoportan atakon kontraŭ Ukrainio.

Sed se vundiĝis Jelena aŭ iu alia, pri tio definitive ne kulpas Putin:

Mi refoje insiste substrekas: ajna respondeco pri eventuala sangoverŝado restos plene kaj komplete je la konscienco de la reĝimo kiu regas la teritorion de Ukrainio.

Alivorte, laŭ Putin la ŝtato Ukrainio ne plu ekzistas, nek la leĝa registaro de Ukrainio. Anstataŭe restas nur "teritorio", kiun regas "reĝimo". Proksimume tiel argumentis ankaŭ Stalino, kiam li en septembro 1939 laŭ la interkonsento kun Hitlero sendis siajn trupojn al orienta Pollando: la pola ŝtato kolapsis kaj ne plu ekzistas. Tial necesis sendi sovetiajn trupojn por protekti la loĝantaron. Tiufoje la belorusan kaj ukrainan loĝantaron.

La universitata instruisto Serhij el Mariupol memoras, ke li ricevis klaran averton jam kelkajn tagojn antaŭ la invado, kiam li estis invitita al Eŭropa parlamento por rakonti al unu el la partiaj grupoj pri rusia propagando.

– Estis ekscite veni al Strasburgo. Kaj tie mi renkontis emeritan estonan oficiron, kiu demandis: "Kiam laŭ via kredo li atakos?"

La diskuto okazis la 19-an de februaro, sed Serhij tamen ne vere komprenis, pri kio la ulo parolas. Kiu do? Serhij demandis. Ja, Putin, evidente.

– Mi respondis, ke li ja jam atakis, antaŭ ok jaroj. Sed tiu estono diris: "Ne, estos grandskala invado ene de monato." Li klarigis, ke la internacia komunumo ne povas fari ion por haltigi Putin, ke li atakos kontraŭ Kijivo trans Ĉernihiv, precize kiel poste okazis. Sed mi ne aŭskultis, mi pensis ke la ulo eble drinkis tro.

La 22-an de februaro en la centro de Mariupol okazis manifestacio por Ukrainio.

– Ĉiuj ni samideanoj kolektiĝis tie kun flagoj kaj sloganbendoj. "Mariupol estas Ukrainio" kaj tiel plu. La sola iom maltrankviliga afero estis, ke venis neniu el la urba registaro. Sed ni pensis, ke ili ja estas homoj de la oligarko, ke Aĥmetov ne permesis ilian partoprenon.

Post du tagoj komenciĝis la invado.

– Unue oni pafis pli distance, kaj dum la unua semajno ni plu havis kontakton kun la ĉirkaŭa mondo. La unuajn tagojn la urba trafiko funkciis. Oni pafis ie oriente, sed cetere la milito videblis ĉefe pro tio, ke estis ege longaj vicoj al bankaŭtomatoj kaj butikoj.

La distanco inter la centro de Mariupol kaj la kontakta linio kontraŭ la separista respubliko LNR estis nur dek kilometroj, kaj la loĝantoj de la urbo kutimiĝis al tio, ke la fronto proksimas, eĉ se pafado okazis ne ofte.

– Ni pli frue ne pensis pri tio. Ni havis koncertojn, festivalojn, la fronto ne rimarkeblis, kaj ni pensis, ke plu estos tiel, eĉ kiam ni aŭdis, ke oni pafas kontraŭ Kijivo. Ni alkutimiĝis, kaj la urba estraro diris, ke Mariupol estas bone defendata, ĉiuj restu. Laŭdire ili ne bone konis la situacion kaj volis ke homoj ne ekpaniku. Sed plej aĉa estis tio, kion ni eksciis poste: la urbestro fuĝis al Zaporiĵo jam la duan tagon. Tie li sidis, kiam li registris filmon en bunkro kun la ukraina flago sur la muro kaj instigis nin ne paniki. Ni pensis "jen kian bonan urbestron ni havas, li estas kun ni", sed tio estis nura iluzio.

Ankaŭ aliaj gravuloj tuj malaperis el la urbo, Serhij rakontas.

– Ĉiuj ĉefoj en la fabriko de Aĥmetov forkuris. La gazetara sekretario de la urbestro asertis, ke la urbo estas bone defendata, "ni ne fordonos Mariupol", sed li mem estis en Dnipro ekde la unua tago. Kaj kiam homoj eksciis tion, ili komprenble furioziĝis. Certe multaj akceptis la rusian okupacion pro tio ke ili tiel koleris al la lokaj potenculoj. Tiu eble ne estas bona kialo, sed tiel okazis.

Daŭris kelkajn tagojn, antaŭ ol la milito klare ekvideblis en Mariupol.

– Dum la unua semajno ni vidis la militon ĉefe en la reto kaj televido. La vera katastrofo komenciĝis la 2-an de marto, kiam la komunikoj malaperis. Unue la elektro, poste akvo, gaso, interreto, ĉio. Ni estis izolitaj, kaj ekde tiam temis nur pri supervivo.

Du semajnojn Serhij kaj lia familio pasigis en la blokita urbo, antaŭ ol ili sukcesis elveturi.

– Oni daŭre pafis. Mia edzino kaj nia 17-jara filino ne eliris. Mi diris, ke ili restu interne. Mi mem unue iris serĉi ŝirmejon en ĉiuj lokoj laŭ la listo, kiun ni ricevis de la urba administracio, sed tie aŭ estis nenio, aŭ la ŝirmejo ne estis en uzebla stato. Neniu zorgis aranĝi ilin.

La familio de Serhij loĝis en la norda parto de Mariupol, kaj preskaŭ ĉiuj najbaroj en la apartamenta domego estis fabrikaj laboristoj. Serhij kaj lia edzino estis preskaŭ la solaj en la domego kun universitata eduko, kaj antaŭ la milito ili ne multe interrilatis kun la najbaroj.

– Sed tiuj du semajnoj, dum kiuj ni strebis supervivi, nuligis ĉiujn diferencojn. Ni kune iradis preni akvon en la parko, sed poste tien falis bombo kaj ni ĉesis iri tien. Anstataŭe ni iris al la tombejo, tie ne estis vico. Ial la homoj timis iri tien. Kiam neĝis, ni prenis la neĝon. Ni kuiris manĝon sur malferma fajro, kaj ni bonŝancis, ili ne trafis nian domon. Ili trafis la apudan, sed ne la nian. Oni staras tie, kuiras manĝon, kaj aŭdas fajfan sonon en la aero. Tiam ĉiuj kuras al la ŝtuparejo.

Multaj el la najbaroj opiniis, ke la ukraina armeo devus simple retiriĝi.

– Ili eble ne subtenis Rusion, sed ili pensis, ke estus pli bone, se la ukrainoj forlasus la urbon. Kaj el la vidpunkto de supervivado mi ja mem same pensis. Ĉar grenadoj flugis sur nin el ĉiuj direktoj. Tiam oni ne pensas pri la fundamentaj kialoj.

Ŝirmejon Serhij ne trovis en la proksimo, kaj la familio restis en la propra apartamento spite la pafadon.

– Miaj edzino kaj filino dormis en la koridoreto, mi mem en la banĉambro. Tiel ni almenaŭ ne estos vunditaj de vitreroj. Sed se estus rekta trafo, tio komprenebe ne helpus.

Tuj kiam la elektro malaperis, komenciĝis la rabado de la butikoj en Mariupol.

– Oni komencis forporti ĉion eblan el la vendejoj. Mi ne volus diri, ke Mariupol-anoj estas tiaj, verŝajne okazus same kie ajn, sed la vidaĵo estis terura. Oni ja komprenas, ke homoj prenas nutraĵojn, se ili havas nenion por manĝi. Sed kial preni lavmaŝinon, kiam en la urbo eĉ ne estas elektro? Aŭ kvin jakojn? Foje venis la polico, ili pafis en la aeron. Poste ili malaperis, kaj la rabado daŭris. Eĉ la dratoj de la trolebusoj estis faligtaj. Estis kiel la apokalipso. Oni daŭre bombis, kaj la sola afero por fari estis klopodi havigi ion por manĝi. Tia estis la vivo.

La sola eblo eksciи, kio okazas en la ekstera mondo, estis malnova radioricevilo, kiu kaptis ukrainan kanalon. Por ŝpari la pilojn oni povis aŭskulti nur neofte, sed Serhij tamen eksciis, ke estis ŝanco forlasi la urbon aŭte, je propra risko.

– Ni tuj ekpensis, ke ni volas forveturi. Sed ni ne havis aŭton, do ni serĉis iun, kiu povus kunpreni nin. Meze de marto oni komencis organizi kolonojn de aŭtoj por provi elveturi, sed neniu havis liberajn lokojn. Ĉiuj komprenelble unuavice prenis siajn proprajn parencojn.

Kiam la naĝhalo de la urboparto estis disbombita, eĉ pli da homoj decidis provi forveni el la urbo laŭeble rapide.

– Estis belega naĝejo, tute nova, oni eĉ ne havis tempon inaŭguri ĝin. Tie oni foje disdonis helpsendaĵojn, ĝis la naĝejo estis trafita. Estis terure. Tiam ĉiuj najbaroj komencis forveturi. Ni kolektis niajn aĵojn, laŭeble malmulte, ĉar ni sciis, ke neniu aŭto prenos nin kun granda valizo. Ni principe havis nur niajn dokumentojn, kaj la katon.

La patrino de Serhij restis en Mariupol, kiam la familio forveturis.

– Ŝi loĝas en alia urboparto. Mi iris tien kaj demandis, ĉu ŝi volas veturi kun ni. Ne, mi havas bonegan kelon, ŝi diris, mi elturniĝos. Poste mi nenion aŭdis de ŝi dum longa tempo. Kaj multaj veturis sen la gepatroj, ne nur ni.

Pli malfrue la patrino de Serhij sukcesis elveturi el Mariupol per la helpo de volontuloj. Sed poste ŝi decidis pluiri al la okupita Krimeo, kie loĝas la fratino de Serhij.

Li silentas momenton. Poste li rakontas, ke fine iu trovis elveturontan kamionon, kie estis loko por li kaj lia familio.

– Oni pafis ĉirkaŭe, do ni rapide engrimpis, ni eĉ ne demandis, kien ili veturos. Kaj ili veturis en malĝusta direkto. Ni volis al Zaporiĵo, registara teritorio, sed ili celis iun vilaĝon kie ili devis kunpreni iun. Ili ĉiukaze promesis forporti nin el Mariupol kaj al la plej proksima laŭvoja vilaĝo. Tio estis Manhuŝ, malnova greka vilaĝo tuj okcidente de Mariupol.

Tiam Serhij eĉ ne sciis, ĉu Manhuŝ estas okupita, aŭ ĉu tie estas ukrainaj trupoj.

– Tion ni devis vidi, kiam ni alvenos. Estis la kolono, longa vico de aŭtoj, sed ne estis oficiala evakua koridoro. Se oni pafos, estos nia problemo, iel tiel. Ĉiuj aŭtoj metis sin en longa vico, kaj la amasiĝo estis tia, ke la veturo daŭris sep horojn. Ordinare daŭras eble dudek minutojn atingi Manhuŝ. Kiam ni alvenis, estis jam nokto, kaj ĉe la rando de la vilaĝo estis posteno. Mi ne povis vidi, ĉu estas ukrainoj aŭ rusoj. Ja okazas, ke ankaŭ la ukrainaj soldatoj ĉe kontrolpunktoj parolas ruse.

La soldato petis vidi la loĝregistran atestilon de Serhij.

– Mi havis la pasporton, sed ne tiun slipeton. Mi diris, ke mi havas ĝin en *Dija*, la telefona aplikaĵo. Li rigardis al mi kun grandaj okuloj kaj diris: "Bone, iru". Nur kiam mia edzino diris tion al mi, mi komprenis, ke ili estis rusoj, ili tute ne komprenis, kio nia *Dija* estas.

En la vilaĝo ili devis forlasi la kamionon, kiu celis pluen.

– Ni staris tie ĉe la vojrando meze de la nokto kaj ne sciis, kion fari. Tiam elvenis ulo, kiu invitis nin trinki teon. Oni donis al ni teon kaj manĝaĵojn. Unuafoje dum du semajnoj ni vidis panon, unuafoje ni povis lavi nin bone, ĉar en Mariupol ni ne havis akvon. Ili estis bonaj homoj, la viro, lia edzino kaj du adoleskantoj. Ni ne parolis pri politiko, sed la viro diris: "Nun alvenis DNR, do nun estos ordo."

Serhij ne volis ekkvereli kun la viro kiu ĵus savis ilin de la frida nokto, sed lia edzino malfacile povis regi sin, kiam ŝi aŭdis la viron laŭdi la separisman respublikon, kiu laŭ ukraina leĝo estas simpla terorista organizaĵo.

– Mi devis peni por ke ŝi silentu. Ne estas la ĝusta momento, mi diris. La viro eliris por prizorgi siajn ĉevalojn. Ni rajtis tranokti tie, kaj unuafoje dum longa tempo estis silente kaj trankvile, neniu pafis kontraŭ ni. Estis ege bone. Sed kiam ni kuŝiĝis en la lito, ni aŭdis, kiel rusia raket-artilerio en Manhuŝ senĉese pafas kontraŭ Mariupol.

En la mateno la familio denove stariĝis ĉe la vojrando por klopodi pluveturi, sed ĉiuj preterpasantaj aŭtoj estis plenŝtopitaj.

– Ni staris tie kvar horojn, kaj neniu havis lokon por ni. Poste ni vidis, ke la militistoj de DNR komencas iri de domo al domo, kaj ni ekmaltrankvilis, ĉar ni ne sciis, kio okazos, se ili ekhavus la ideon kontroli nin. Feliĉe ni renkontis mian kolegon, kiu en la sama nokto alvenis kun sia edzo kaj siaj gepatroj.

La familio de la kolego elvenis el Mariupol samnokte per siaj du aŭtoj, kaj ili tranoktis en apuda domo. Ili ne povis pluveturi, ĉar la karburaĵo elĉerpiĝis.

– Estis enorma bonŝanco ke ni trafis ilin. Ni poste restis tie ĉe la vojrando dum ili ĉirkaŭiris kaj serĉis benzinon. Post kelkaj horoj ili sukcesis aĉeti iom, ni ĉiuj trovis lokon en iliaj aŭtoj, kaj ekveturis pluen, tra eble dudek kontrolpunktoj. En Manhuŝ tio estis posteno de DNR, poste estis diversaj flagoj, jen rusiaj, jen de DNR, foje eĉ de Sovetio. La soldatoj estis venene ĝentilaj, kaj ege junaj. Eble al ili estis ordonite sinteni ĝentile, por montri ke ili ne estas okupantoj, ke ili liberigas nin.

La veturo tra ĉiuj kontrolpunktoj, nordokcidenten, al registara teritorio, daŭris longe, kaj la du familioj haltis en la urbeto Tokmak por tranokti. Post Tokmak ili atingis la lastan postenon antaŭ la neŭtrala zono inter la batalantaj flankoj.

– Tie staris kaŭkazianoj, eble soldatoj de Kadirov el Ĉeĉenio, eble iuj el Dagestano, kaj ili estis la solaj, kiuj kondutis agrese al ni. Miaj filino kaj edzino veturis en la unua aŭto, ili rajtis traveturi, sed ni estis haltigitaj kaj devis montri la telefonojn. La edzo de mia kolego pli frue malplenigis sian telefonon, sed mi ne havis tempon por tio. Ili povis vidi, ke iu skribis al mi "Slava Ukrajini", kaj ili trovis kontraŭrusiajn memeojn. Miaj amikoj ne komprenis, ke oni ne sendu tiajn mesaĝojn al iu, kiu sin trovas sur okupita teritorio.

La soldatoj komencis konsideri, ĉu voki superulon por ke tiu pli atente kontrolu Serhij.

– Tio estis timiga, kaj krome mi eksentis ke mi kaŭzas problemojn al la homoj, kiuj helpis nin. Mia kolego kaj ŝia edzo klopodis konvinki la soldatojn, ke mi ne estas danĝera naciisto, kvankam ŝi mem estis tute rigida pro timo. Ili diris, ke tiujn aferojn iu alia sendis al mi, ke ili reedukos min, ĉion tian. Ŝi proponis al la soldatoj, ke ili kontrolu la bagaĝujon, sed ili havas alian kulturon, ili tute ne atentis la virinon, kvankam ŝoforis ŝi. Tiu soldato turnis sin nur al ŝia edzo kaj demandis: "Ĉu vi respondecos pri li? Ĉu vi reedukos lin? Bone, veturu."

Kio okazus, se la kaŭkaziano ne permesus al Serhij pluveturi? Kio okazus, se Serhij ne hazarde renkontus sian kolegon kiu havis du aŭtojn, kiam li staris ĉe la vojrando en Manhuŝ? Kio okazus, se ili veturus iom pli malfrue, kiam la kontroloj estis pli severaj? Neniu scias. Sed ion Serhij scias tutcerte post la okazaĵo ĉe la lasta posteno.

– Post tio mi ne plu estas ateisto. Dio ekzistas.

En sia televida parolado Putin do promesis ne okupi ukrainajn teritoriojn. Li eble celis, ke sufiĉus ŝanĝi la registaron en Kijivo al alia, kiu obeas lin. Kaj Putin evidente ne sentas rankoron al la ukrainoj – finfine ili ja estas rusoj, eĉ se ili ne jam mem komprenis tion:

La hodiaŭaj okazaĵoj ne estas ligitaj al deziro malrespekti la interesojn de Ukrainio kaj la ukraina popolo. Ili estas ligitaj al defendo de Rusio mem kontraŭ tiuj, kiuj ostaĝigis Ukrainion kaj klopodas uzi ĝin kontraŭ nia lando kaj ĝia popolo.

En Lvivo Olena Holiŝeva aŭdis pri la komenco de la milito, kiam kolegoj en orienta Ukrainio frumatene aŭdiĝis, jam antaŭ ol aperis la publika novaĵo.

– En la malfrua vintro, kiam la tagoj komencas iĝi pli longaj, mi kutimas vekiĝi jam ĉirkaŭ la kvina, prepari kafon kaj legi sociajn retejojn. Tiam mi laboris pri projekto kun kolegoj en la provincoj Doneck kaj Luhansk. Ili jam ĉirkaŭ la kvara kaj duono skribis ke komenciĝis io, antaŭ la oficiala informo. Evidente tio estis timiga, sed mi ne ekpanikis, ne estis tiel, ke mi volis fuĝi.

Anstataŭe Olena pensis, ke ŝi volas iel helpi.

– Komence ĉio estis senforma kaj nekomprenebla. Nun ni scias, ke sekuraj lokoj ne ekzistas, ke estas raketoj, kiuj povas flugi trans la tuto de Ukrainio kaj trafi kie ajn. Mi komencis ricevadi mesaĝojn de amikoj, kiuj diris, ke la mondo sanĝiĝis kaj neniam plu iĝos la sama. Poste mi vidis en sociaj retejoj ke homoj komencas fuĝi el orienta Ukrainio. Ili parolis pri tio, kien veturi, kaj multaj volis al Lvivo, ĉar ni estas plej okcidente. Kaj kiam oni vidas homojn fuĝi tiel – ili simple prenas la infanojn, saltas en aŭton kaj ekveturas – tiam oni komprenas, ke io serioza okazas.

La rifuĝintoj komencis tuj alflui al Lvivo, kaj ĉiujn oni devis direkti ien. Lernejoj, infanvartejoj kaj bibliotekoj estis transformitaj al provizoraj rifuĝejoj, sed la situacio estis kaosa kaj la rifuĝintoj ofte ne sciis, kien sin turni por ricevi helpon. Samtempe Olena mem ne havis multon por fari. Ŝi havis privatan entreprenon, kiu plenumis fakajn taskojn en la sfero de vojaĝoj, kaj interalie proksime kunlaboris kun la turisma buroo de Lvivo. Sed ne venas turistoj al lando, kiun estas atakanta la plej granda nuklea potenco de la mondo.

– Tiu laboro finiĝis. Kaj por ne nur spekti televidon kaj iĝi freneza mi komencis serĉi informojn por rifuĝintoj kiuj ilin bezonis, pri tio, kien ili sin turnu. Komence oni kalkulis, ke ĉiutage venas al Lvivo kvindek ĝis sesdek mil homoj. Kompreneble parto tuj pluveturis eksterlanden, sed parto restis ĉi tie, se ne pro io alia, do por ripozi kelkajn tagojn kaj decidi, kion fari. Samtempe komencis venadi helpsendaĵoj, kiujn oni devis transpreni kaj plusendi. Necesis rapide reŝarĝi la kamionojn por ke tiuj povu veturi orienten kaj disdoni la helpon.

Olena estis organizanta tian rapidan ŝarĝadon, kiam oni telefonis al ŝi el la urba administracio. Nun oni tie bezonis helpon pri nova speco de turista informado.

– Ili diris, ke necesas malfermi informcentron por la rifuĝintoj. Estis tiom da homoj por registri, kaj la bezonataj informoj nenie estis kolektitaj en unu loko. Ni oficiale malfermis la 19-an de marto, kaj ekde tiam ni laboradas. En la komenco estis multege da homoj. Ili havis jurajn demandojn, ili volis scii, kiel veturi al eksterlando, al multaj mankis legitimilo aŭ pasporto, la mono elĉerpiĝis. Estis homoj, kiuj diris, ke ili absolute ne volas forlasi la landon, sed ili havis neniun lokon, kie loĝi ĉi tie. Oni povas pasigi kelkajn semajnojn en amasloĝejo, poste oni devas trovi laboron kaj loĝejon. Pri laboro estis malfacile precipe en la komenco, multaj entreprenoj fermiĝis kiam la milito komenciĝis, sed iom post iom ni sukcesis ordigi aferojn, ni komencis kolekti informojn pri tio, kie troveblas laboro kaj loĝejoj.

Anna el Nikopol en suda Ukrainio estis inter la rifuĝintoj kiuj atingis Lvivon per la evakuaj trajnoj. Ŝi portis kun si siajn du filinojn, dujaran kaj sesjaran, sed la edzo ne rajtis kunveturi per la trajno, li devis unue ricevi atestilon de la armeaj aŭtoritatoj. Ankaŭ Anna ne tuj fuĝis, ŝi komence esperis, ke tio ne necesos.

Sed jam komence de marto rusiaj trupoj okupis la plej grandan nuklean centralon en Eŭropo, tiun en Enerhodar, transe de la rivero Dnepro rekte kontraŭ Nikopolo, kaj la tutan sudan bordon de la rivero.

– Ni restis kiom eblis. Mia edzo diris: Estas milito, prenu la infanojn kaj veturu eksterlanden! Sed mi diris ne, mi diris ke ĉi tiu estas mia Ukrainio. La rusoj forveturu, mi restos.

La familio do restis en Nikopol dum iom da tempo, sed la milito venis ĉiam pli proksimen kaj la rusiaj trupoj transe de Dnepro komencis regule pafi al la urbo.

– La lasta guto venis, kiam ni iris reen el la ŝirmejo. Ni restis tie ekde la kvara horo matene. Nia domo situas apud garnizono, kaj ni loĝis en la kvina etaĝo. Mia bopatrino iris supren laŭ la ŝtuparo kun la sesjarulino, mi sekvis kun la fratineto. Tiam ili komencis denove pafi kontraŭ la garnizono. Mi kuŝigis la filineton sur la ŝtuparon kaj klopodis protekti ŝin per mia korpo, mi pensis ke prefere mi mortu ol ŝi. La infanoj ploris, ni ege timis. Tiam mi komprenis, ke necesas forveturi. Pli frue oni pafis nur nokte, sed nun ili pafis je la tria posttagmeze. Ni klopodis trovi protekton en la koridoro, sed oni ja ne scias, kiom tio utilas. Ni timis, ni kolektis niajn aĵojn kaj ekveturis.

Tio estis en la mezo de aŭgusto. Anna, ŝiaj infanoj kaj bopatrino trovis lokon en la evakua trajno al Lvivo.

– En tri vagonoj oni rajtis veturi senpage. Oni donis al ni iom da manĝaĵoj, sed ne estis aparte bonguste, estis ia stranga japana rizo. Poste mi eksciis, ke ili devus doni al ni kuponojn por aĉeti manĝaĵojn, sed tion ni ne ricevis. Nu, jam ne gravas. Kiam ni venis al Lvivo la 19-an ni ne sciis, kie ni dormos, se ni entute trovos lokon, kie dormi. Sed mi havas studkamaradon, kiu loĝas ĉi tie. Ŝia edzo renkontis nin kaj veturigis nin ĉi tien al la futbala areno.

La familio de Anna baldaŭ ricevis lokojn en unu el la luksaj loĝioj super la restoracia etaĝo, kun vidaĵo al la verda ludejo kaj kun propra necesejo. Ŝia edzo venis poste per alia trajno, kiam li ricevis la permeson forveturi el Nikopol. Li anoncis sin ĉe la armeo en Lviv, kaj baldaŭ li trovis laboron ĉe vianda pograndisto. Kiam li venis, li plu insistis, ke Anna prenu la infanojn kaj veturu eksterlanden por plena sekureco.

– Ne estas longa distanco al Pollando de ĉi tie, li diris. Sed mi diris ne. Mi ne volas. Estas pli bone ĉi tie ol sur la alia flanko, mi ne volas al eksterlando. Mi volas hejmen.

En sia televida parolado Vladimir Putin turnis sin ankaŭ al la ukraina armeo:

> *Estimataj kamaradoj! Viaj patroj, avoj kaj praavoj batalis kontraŭ la nazioj, defendante nian komunan patrujon, ne por tio, ke la hodiaŭaj novnazioj akaparu la potencon en Ukrainio. Vi ĵuris fidelon al la ukraina popolo, ne al la kontraŭpopola bando, kiu prirabas Ukrainion kaj mokas la la popolon mem. Ne plenumu iliajn krimajn ordonojn. Mi alvokas vin senprokraste formeti la armilojn kaj iri hejmen.*

Ĉu Putin vere kredis, ke iu en la ukraina armeo post ok jaroj da milito kontraŭ Rusio subite ekhavos la ideon iri hejmen, nur ĉar Putin ial konkludis, ke la demokratie elektita, juda prezidento de Ukrainio kaj lia registaro kun propra majoritato en la parlamento estas "novnazia bando"? Tiukaze li vivas en propra universo kun malmultaj punktoj de kontakto kun la perceptebla mondo.

Tamen multo indikas, ke li vere esperis je rapida venko. Eble li lasis sin trompi de la propra informakira servo, kies agentoj raportis laŭ la deziro de la ĉefoj. Eble la izolo dum la longa pandemio kaŭzis, ke liaj homaj kontaktoj eĉ pli ol antaŭe limiĝis al malnovaj amikoj kaj rampantaj flatuloj. Eble li simple kredis, kion li volis kredi, samkiel ni ĉiuj tro ofte.

Kiel ajn, rapide evidentiĝis, ke li komplete malpravis. Malpeze armitaj rusaj tumultpolicanoj, kiuj estis senditaj por haltigi eventualajn manifestaciojn kontraŭ la rusa okupacio en Kijivo, baldaŭ blokiĝis en la plurdekkilometra vico de militaj veturiloj, kiu ne sukcesis anvanci. Ili estis atakitaj de ukrainaj droneoj, mortpafitaj aŭ kaptitaj, kiam ili provis fuĝi.

En la mateno de la 24-a de februaro Petro kaj Halina en la vilaĝo Lebedivka staris surstrate kaj parolis kun la najbaroj pri la novaĵoj. Subite ili aŭdis kaj vidis svarmojn de rusiaj atakaj helikopteroj flugi je minimuma alto direkte al Kijivo. Ili pasis tiel proksime, ke preskaŭ eblis vidi la vizaĝajn trajtojn de la pilotoj. La helikopteroj venis el Belorusio kaj celis la aerodromon Antonov en la vilaĝo Hostomel, tuj nordokcidente de la ĉefurbo. La plano supozeble estis, ke la rusiaj specialaj trupoj kaptu la aerodromon, kiu poste povos esti uzata por alflugigi pli da trupoj por okupo de Kijivo.

Samkiel multo alia en la rusia atako, ankaŭ ĉi tio ne pasis tute laŭ la plano, sed ioma kvanto da specialaj trupoj ja estis surterigita en Hostomel, kaj jam en la sekva tago ili atingis la apudan urbeton Buĉa. Baldaŭ ili ricevis apogon de kirasitaj taĉmentoj, kiuj alvenis surtere, tra la malpermesita zono ĉirkaŭ la detruita nuklea centralo de Ĉernobilo.

La pastro Mikola Krigin en Buĉa – kiu dum la fiaskinta puĉo de 1991 militservis en la floto en Krimeo – havas sian malgrandan, lignan preĝejon tuj apud la plej centra vojkruciĝo en Buĉa, iom pli ol cent metrojn de la monumento de la pereintoj en Afganio. La monumento estas malnova sovetia kirasveturilo sur altaĵeto. La poste dispafita apartamento de Mikola situas en la pluretaĝa domo malantaŭ la sovetia kirasveturilo. La lernejo, en kiu li laboras, troviĝas tuj transe de la strato Vokzalna. La ejo de la teritoria defendo troviĝis en loĝdomo tuj malantaŭ la superbazaro apud la vojkruciĝo. Mikola vidis la rusojn alveni.

– La 25-an de februaro ni ĉirkaŭpromenis en Buĉa por kompreni, ĉu en la urbo plu estas niaj trupoj. Unue ni iris al la domo kie havas sian ejon la teritoria defendo, por vidi, ĉu ili bezonas helpon pri io. Poste ni iris al la rekruta oficejo de la armeo. Niaj knaboj tie estis surmetantaj la uniformojn. Mi komprenis, ke la situacio ne estas tre bona, ne estis multe da armiloj. Sed ili sin preparis por batalo.

Mikola daŭrigis la promenon kaj subite rande de la urbo vidis ulojn, kiuj al li ŝajnis rusia aera infanterio. Li ŝajnigis nenion rimarki kaj reiris al la teritoria defendo por rakonti.

– Tiam ni eksciis, ke bataloj jam ekis kaj ke oni detruis rusiajn trupojn. Poste ni vidis aerdefendajn kanonojn proksime al nia lernejo. Ni parolis kun la knaboj kaj donis al ili varmajn ŝtrumpetojn. Ili devis defendi Hostomel.

En la sekva tago, sabato la 26-a de februaro, la aferoj pasis simile. Mikola ĉirkaŭiris en Buĉa por taksi la situacion kaj por vidi, ĉu la soldatoj de la teritoria defendo aŭ de la armeo bezonas ion. Kune kun la edzino li dum la volontula laboro de la antaŭaj jaroj kolektis grandan stokon en la laborĉambro en la lernejo, kun ĉiaspecaj aĵoj bezonataj ĉe la fronto, de medikamentoj ĝis lanaj ŝtrumpetoj.

– Ni tranoktis ĉi tie en mia laborĉambro por ke la knaboj povu veni ankaŭ nokte kaj frapi la fenestron, se ili bezonus ion. En la mateno de la 27-a ni vekiĝis frue. Estis dimanĉo kaj mi registris filmeton en la kapelo de la lernejo pri tio, ke ni ĉiuj preĝu por Ukrainio. Tuj post kiam mi finis ĝin, komencis flugi kugloj. Ni kuris en la koridoron, al la fenestro, kaj ekvidis, ke tuj ekstere estas multaj kirasveturiloj.

Tio estis la pinto de la rusia kolono el Belorusio. Ĝi atingis la finan punkton de sia vojaĝo. La tuta strato Vokzalna estis plenŝtopita je diversaj kirasveturiloj. Oni pafis interalie kontraŭ la malnova sovetia kirasveturilo en la vojkruciĝo, la monumento de Afganio. Eble vere soldatoj de la teritoria defendo kaŝis sin malantaŭ ĝi, kiel oni rakontis al Mikola – aŭ eble la rusoj simple kredis, ke la malnova sovetia relikvo apartenas al la ukraina armeo kaj tial direktis sian maŝinpafilon kontraŭ ĝi, kiel alia versio asertas. Mikola mem kuris en la kelon de la lernejo. Tie kaŝiĝis infanoj kaj gepatroj el proksimaj partoj de Buĉa. Li klopodis provizi la gastojn en la ŝirmejo per nutraĵoj kaj lumo.

La unua rusia kirasita kolono estis disbombita de ukrainia artilerio sur la strato Vokzalna. La ukraina armeo krome eksplodigis la ponton, kiu ligas Buĉa kun la najbara urbeto Irpin, por haltigi la rusojn. Post nur kelkaj horoj la pinto de la kolono estis detruita.

– Kiam la bataloj ĉesis, ni eliris, kaj vidis, ke nia domo transe de la strato brulas. La najbara domo same brulis. La kiraskolono brulis. Mi volis vidi, kio okazis al mia ligna preĝejeto, kaj kuris tien. La preĝejo estis sendifekta. Oni kriis al mi, ke mi restu distance de la dispafitaj kirasveturiloj, ĉar la municioj povus eksplodi.

Mikola parolis kun la najbaroj kaj eksciis, ke iu en lia domo vundiĝis, sed neniu loĝanto pereis en la unua batalo. En lia propra apartamento nur la fenestroj estis detruitaj. La plena trafo okazos poste, sed tiam li kaj lia familio troviĝos aliloke.

– Mi diris al mia edzino, ke ni ne povas resti en la apartamento, ĉar mi estas pastro de la ukraina eklezio. Iu denuncos min kontraŭ mono, la rusoj kaptos min inter la unuaj. Sekve ni pakis iom da aĵoj, akvon kaj nutraĵojn, kaj iris al mia bopatrino en alia parto de Buĉa. Ni bonŝancis, tien la rusoj neniam venis, sed sur la vojoj ni vidis teruraĵojn.

Granda parto de la unua kiraskolono estis detruita, sed baldaŭ el la nordo venis pli da rusiaj trupoj. Estis minimume du malsamaj grupoj, kiuj ne ŝajnis bone scii, kion faras la alia aro. Ankaŭ la informoj de la ukrainaj aŭtoritatoj estis kontraŭdiraj, rakontas Mikola.

– Unue venis mesaĝoj pri liberigo de Buĉa. Homoj eliris, sed la informo montriĝis neĝusta. Kiam ni bezonis eliri por havigi manĝaĵojn aŭ akvon, ni devis kuri kaj teni la kapon malalte, ĉar ni komprenis, ke proksime troviĝas celpafistoj. Se ni aŭdis veturilojn proksimiĝi, ni kaŝiĝis malantaŭ la bariloj.

La unuan de marto la flago de Ukrainio estis hisita en la centro de Buĉa. Sed baldaŭ la rusiaj trupoj denove eniris la centron. Ĉio estis konfuza, kaj post semajno eĉ la datoj komencis ŝajni malcertaj.

– La sola afero kiun mi memoras estas, ke la naŭan de marto ni sukcesis ŝargi la telefonon helpe de generatoro. Ni volis aŭdi la novaĵojn, kaj alte levis la telefonon por kapti signalon. Tiam ni aŭdis legadon de poemo de Taras Ŝevĉenko en la radio. Ni kompreneble amas lin, sed ni volis aŭdi la novaĵojn.

La situacio iĝis ĉiam pli senespera, sur najbara strato estis incendioj, la nutraĵoj komencis elĉerpiĝi. Krome la dorso de Mikola terure doloris.

– Mia edzino volis, ke ni eliru por serĉi kuraciston, sed mi diris ke tio estus tro danĝera, oni pafus nin. Tiam ŝi decidis eliri kun sia patrino, ŝi pensis ke oni tamen ne pafos virinojn. Ili atingis nian apartamenton kaj vidis ke ĝi estas tute disbombita. Mia edzino estis tute terurita kiam ŝi revenis.

Kuraciston aŭ manĝaĵojn neniel eblis trovi. Ankaŭ ne eblis pumpi akvon el la puto sen elektro. En la domo de la bopatrino de Mikola estis malvarme, ĉiuj frostis.

– Mi fine diris, ke se ni restos, ni mortos pro malvarmo kaj malsato. Ni iru al la centro, mi diris, tie eble estas homoj kiuj povos helpi nin forveni de ĉi tie. Mi kredas, ke tio estis la dek-unua de marto.

Tiam la lokaj aŭtoritatoj ĵus anoncis, ke oni malfermos evakuan koridoron por ke civiluloj povu forlasi Buĉa, sed ne klaris, ĉu la rusiaj trupoj efektive lasos la aŭtojn pasi. Kaj la familio de Mikola eĉ ne havis aŭton. Ili komencis iri direkte al la centro, sed estis peze al la pli ol okdekjara bopatrino. Kaj krome oni devis daŭre zorge atenti pri la soldatoj.

– Estis mi, mia edzino, nia filo kaj bopatrino. Ni kaŭris se sonis kvazaŭ proksimiĝas kirasveturilo, poste ni pluiris. Ni preskaŭ atingis la centron, sed tiam mi komprenis, ke elĉerpiĝis la fortoj de la bopatrino. Ĝuste en tiu momento mi vidis buseton ĉe la vojrando. Mi demandis la ŝoforon, ĉu li ne povus veturigi nin nur kelkcent metrojn, ĝis la centro. Ja nun ne videblas tie tankoj, mi diris.

Montriĝis ke la buseto atendas la malfermon de la evakua koridoro.

– Mi diris, ke estus granda helpo, se ni rajtus kunveturi nur iomete. Kaj tiam aperis alia viro kiu diris: "Sed ĉi tio ja estas la pastro kiu helpis niajn handikapitajn infanojn!" Mi tute ne memoris, ke mi farus ion specialan.

La nekonata viro kiu rekonis Mikola demandis, ĉu la familio kunportis siajn legitimilojn. Ja, se jes, ili ja povas kunveturi kaj uzi la evakuan koridoron.

– Sidiĝu en la buseto kun ni! li diris. Mi pensis, ke tio estas la dia providenco. Li diris, ke li jam veturis preter unu kontrolposteno post sia domo, kaj klarigis kiel ni faru. Ni forviŝu ĉiajn informojn el niaj telefonoj. Mi ja komprenis, kien ni survojas kaj kio povus okazi. Mia edzino ekpanikis, bopatrino same, sed mi pensis ke ni devas riski. Mi ne sciis, kiel oni purigu la telefonon, kaj sen la okulvitroj mi ĉiukaze ne sukcesus tion fari, sed mia filo rapide aranĝis tion dum ni veturis. Kaj kiam la buso pluiris mi vidis tridek dispafitajn aŭtojn. Eble ili estis pli multaj, sed mi kalkulis tridek. En la aŭtoj estis brulintaj korpoj.

Kiam la buseto atingis la rusian postenon, Mikola certis, ke oni kontrolos ilin zorge, sed ili bonŝancis.

– Rusia oficiro enrigardis kaj vidis maljunan barbulon. Mi ja ne razis nek lavis min dum du semajnoj, ni ne havis akvon aŭ ion ajn. Kaj poste ili vidis mian edzinon, kiu estas malgranda, ili pensis ke ŝi estas infano. "Veturu!" li diris. Ĉe la sekva posteno estis burjatoj. Eble ili ĝuste tiam estis iom lacaj, ili nur mansvingis nin pluen. Sed poste la ŝoforo de la unua aŭto turniĝis en malĝusta direkto, li ekis al Ĵitomir je plena akcelo. En tiu direkto estis bataloj. Ni postsekvis kaj klopodis signali al li ke li turniĝu. Tiam ni vidas ke venas du tankoj kies kanonoj estas direktitaj al ni. Ni ja nur ĵus sukcesis elveturi, kaj nun ili pafos nin. Baldaŭ ni ne plu ekzistos, mi pensis. Sed tiam la ŝoforo de la unua aŭto komprenis, akre turniĝis, kaj la tankoj ne pafis. Eble ĉar ni havis blankajn tukojn en la fenestroj, eble ĉar estis evakua koridoro, mi ne scias. Sed ni transvivis.

Mikola kaj lia familio veturis al lia hejma regiono proksime al Ivano-Frankivsk en okcidenta Ukrainio. Tie li aranĝis provizoran loĝejon ankaŭ por kelkaj parohanoj, kiuj sukcesis elveturi el Buĉa, sed kiam li eksciis, ke la urbo estis liberigita, li tuj veturis reen.

– Ni sidiĝis en buso, ni ricevis de la poloj du aŭtojn plenajn je manĝaĵoj por disdoni, kaj ni veturis ĉi tien. Ĉiuj tiel ĝojis revidi nin, sed estis dolorige pri ĉiuj parohanoj kiujn ni perdis. Tetjana staris ĉi tie en la korto kiam la rusa kolono preterveturis kaj pafis ŝin. Ŝia patrino Antonina provizore entombigis ŝin sur la korto, ŝi havis neniun alternativon. Ŝi ne povis fosi tombon, ŝi kovris la filinon per plasto. Nur post la liberigo ŝi povis esti vere enterigita.

Du aliaj pereintaj parohanoj estis Ĵanna kaj Marija. La edzo de Ĵanna jam ekde 2014 servis ĉe la fronto en Donbaso, kaj ŝi volis partopreni en la helptransportoj el Buĉa, organizitaj interalie de Mikola.

– Ni diris, ke ni ne portas virinojn al la fronto. "Tiukaze mi havigos stirpermesilon kaj mem veturos tien", ŝi diris. Kaj tion ŝi faris, ŝi havigis buseton por veturigi helposendaĵojn al la fronto. Ŝi komercis en nia bazaro ĉi tie, ĉe ŝi oni povis ĉiam malmultekoste aĉeti bonkvalitajn manĝaĵojn. Kiam la okupacio komenciĝis, ŝi komencis evakui homojn per sia buseto. Ŝi kunportis Marija, kiu bone kantis kaj kruckudris tre belajn bildojn. Estis tiuj du en la buseto, kaj plia virino kun sia filino. La lasta kion oni aŭdis de ili estis, kiam Ĵanna telefonis al sia edzo kaj diris ke kontraŭ ilin veturas tanko. Ili estis mortpafitaj kaj la buseto komplete brulis, de ili restis nenio.

Nur post la liberigo Mikola eksciis pri ĉiuj kruelaĵoj, kiuj okazis en Buĉa dum la okupacio. Pli ol 400 civiluloj estis mortigitaj, multaj estis torturitaj kaj seksperfortitaj.

– Mortigi homojn, kiuj eliris por aĉeti panon, seksperforti kaj murdi virinojn, turmenti homojn… Tion ne faras normala homo, tio ne estas natura. En tiuj, kiuj faris ĉi tion, estas nenio homa. La ĉefa leĝo kiun Dio donis al la homo estas la leĝo pri la amo. Tiun leĝon la rusoj ne konservis, ili forlasis la veran kredon. La gvidanto de ilia tordita religio benas la militon. Ili eliras el faŝisma filozofio.

Neniu, kiu vidis la okazaĵojn en Buĉa, povas plu aserti, ke la milito en Ukrainio estas nur la milito de Putin, diras Mikola.

– Ne, la tuta popolo devas esti reedukita. Tiuj, kiuj estis ĉi tie, estas indiferentaj homoj, kiel infanoj de narkotula familio. Ni havis en la lernejo tiajn infanojn. Povas postuli dek jarojn savi tian infanon por normala vivo. Ne sufiĉas venki Rusion, oni devas reeduki ilin. En ilia kapo fiksiĝis tiu imperio, sed efektive ili estas sklavoj, ili ne strebas al sendependo. Tion faras la ukraina popolo, ni volas havi nian liberon. Sed liberon tra amo – mian liberon limigas la amo al aliaj homoj. Tial mi ne faros ion, kio vundos alian homon. La libero estas, kiam oni vin ne persekutas, la libero estas, kiam oni vin ne metas en prizono pro viaj pensoj aŭ viaj religiaj konvinkoj. Ĉe ili mankas tiu libero, tie mankas kompreno pri la koncepto mem. Ĉar dum jarcentoj tiu ŝtato estas konstruata sur tute aliaj valoroj. Tial ne sufiĉas forpreni de ili la armilojn, oni devas ŝanĝi la valorojn, al kiuj ili estas edukataj.

La ĵurnalisto Tatjana Kurmanova ne vere surpriziĝis, kiam la milito komenciĝis.

– Ni sekvis la informojn en eksterlandaj amaskomunikiloj, ni komprenis, ke trupoj amasiĝis ĉe la limo, mi aĉetis poŝlampon, dormosakon kaj aliajn aĵojn, pakis valizojn... Sed kiam mia edzo vekis min je la kvara matene kaj diris, ke komenciĝis, la unua afero kiun mi faris estis kuri al la banĉambro kaj duŝi min. Nun mi povas ridi pri kiel la cerbo funkcias, sed mi kuris, mi pensis ke la akvo kaj elektro baldaŭ malaperos, mi devas havi tempon lavi min.

La unuan semajnon Tatjana kaj ŝia edzo pasigis en Kijivo.

– Mi bezonis certigi la pluan funkciadon de nia radiostacio. Nian studion ĉe Ĥreŝĉatik en la centro ni uzis nur dum la du unuaj tagoj. Ŝajnis tro danĝere iri tien. Anstataŭe mi laboris hejme. Ni aŭdis la eksplodojn, ili vekis nin en la nokto. Unu nokton ni pasigis en la metroo, sed al mi estis malfacile troviĝi inter tiom da homoj. Kaj ni ne havas infanojn, ni respondecas nur pri ni mem. Ni decidis reiri hejmen kaj plu labori tie.

Jam la duan tagon, la 25-an de februaro, Tatjana povis vidi rusian kirasveturilon ekster la fenestro de la luita apartamento en la norda parto de Kijivo.

– Mi ekmiris, ĉu vere ili tiel rapide trapasis nian defendon. Mi sentis ne timon, pri tio mi pensis poste. Estis nur enorma malamo kaj kolero pro tio, ke ili faras ĉi tion pro nekomprenebla kialo. Sed ni ja timis pri proksimaj amikoj, kiuj restis en Buĉa kaj kun kiuj ni perdis la kontakton.

Montriĝis ke la rusia kirasveturilo estis sola, ĝi iel misveturis malantaŭ la defendolinion. La rusia atako estis haltigita kelkajn kilometrojn ekster la norda rando de Kijivo.

Tatjana kaj ŝia edzo Aleksandr antaŭnelonge aĉetis apartamenton en Vorzel, tuj apud Buĉa. Ili eĉ ne havis tempon aranĝi la novan loĝejon. Tio feliĉe signifis, ke tie ne estis multo por ŝteli por la rusoj, kiuj ĉirkaŭiris kaj prirabis apartamentojn en la okupitaj antaŭurboj de Kijivo.

Komence de marto ili decidis preni la aŭton kaj veturi al Ternopil en okcidenta Ukrainio, kie kelkaj kolegoj trovis provizoran loĝejon.

– Ili petis nin porti alian familion tien. Ĝuste tiam oni fermis multajn butikojn en Kijivo, estis longaj vicoj, mankis benzino, ne eblis aĉeti botelakvon… Mia edzo telefonis al la rekruta oficejo, sed oni diris, ke li atendu. Mi pensis ke plej gravas daŭrigi nian laboron, kaj ni veturis al Ternopil.

Post kiam la provinco de Kijivo en aprilo estis liberigita, ili revenis hejmen.

– Ni loĝis en apartamento de homrajtaj aktivistoj en Ternopil. Oni starigis grupon de pluraj organizaĵoj, kiuj esploras militkrimojn. La unuajn semajnojn post la liberigo ni ĉirkaŭveturis en Buĉa kaj Irpin, registris la detruojn post la pafado, parolis kun atestantoj. Ni ja ankaŭ veturis al nia apartamento. Ĉe la enveturejo al Vorzel ĉio estis disbombita, tie pli frue estis elektra lineo kaj granda tenejo. Nia kvartalo estis nedifektita, sed restis nur trideko da loĝantoj. Ĉiuj aliaj forveturis, ĉar mankis akvo kaj elektro. Homoj staris sur la korto kaj preparis manĝon sur malferma fajro.

Ili rakontis, ke la rusoj estis en la kvartalo, tie staris ia artileria armilo, sed oni ne pafis per ĝi. Ili prirabis la loĝejojn helpe de kelkaj lokanoj, kiuj montris, kie estas loĝejoj kun multe da rabaĵo. Sed la rusoj ne restis longe, la loko ne estis strategie grava, kaj tial ni estis bonŝancaj, nia domo ne estis bombita kaj la loĝejo ne difektiĝis.

Tatjana revas renovigi la loĝejon post la milito, sed ĝuste nun malmulto fareblas, kiam eĉ elektro mankas.

– La apartamento estas kvazaŭ ankro en la malnova, relative paca vivo. En la nuna momento ne eblas plani, sed estas bona sento pensi, ke iam ni ricevos la vivon, kiun ni havis.

Tatjana kaj Aleksandr plu ignoras la alarmojn, kvankam Rusio ekde oktobro 2022 regule bombadas Kijivon por detrui la elektrosistemon.

– Oni alkutimiĝas al milito. Antaŭ kelkaj jaroj mi veturis al Marjinka ĉe la fronto, kaj mi ne povis kompreni, kial la homoj ne iras al ŝirmejo. Nun mi komprenas. Ne eblas loĝi en la metroo. Oni iĝas fatalisto kaj pensas: nu, se ĝi venas, ĝi venas. Se ni havus infanojn, ni ja devus forlasi Kijivon dum la vintro. Tion mi konsilas al ĉiuj miaj amikoj, kiuj havas infanojn, ĉar malfacilas prizorgi infanojn sen akvo kaj elektro. Sed ni veturos nenien. Mia edzo povas esti vokita al la armeo kiam ajn. Tial ni estas ĉi tie. Li pretas militi, mi pretas helpi.

La milito unuigis la ukrainojn en tute nova maniero, Tatjana diras.

– Se ĉi tiu milito ne komplete neniigos nin, ĝi povas doni al ni grandan ŝancon por vera unueco. Ŝancon kompreni, ke ĉi tiu estas milito de la ideoj. Ni militas kontraŭ la restaĵoj de la sovetia sistemo. Eĉ ne tiom temas pri rusoj, pri nacieco, pri lingvo. Estas batalo inter la pasinto kaj la estonto, ĉu ni iru antaŭen aŭ reen en la tempo. Penso, kiun ĉiuj en Ukrainio hodiaŭ havas, estas ke oni povas morti ajnamomente, kie ajn. Tiam oni komencas pensi je gravaj kategorioj: Por kio mi vivis? Kion mi povas ŝanĝi? Ĉu mi pentas, kion mi faris en la vivo? Kaj mi komprenas, ke mi ne hontas pro io ajn, mi ne timas, kaj tio fakte sufiĉas.

La spacveturilo vekiĝas

Oktobro 2022

Ukrainio vekiĝas. Same la rifuĝintoj dormantaj en longaj vicoj de litoj en la futurisma spacveturilo el griza metalo, Arena Lviv. Unue la infanoj – aŭ almenaŭ ili aŭdiĝas unue, jam je la sesa matene. La suba parto de la kvinmetraj fenestroj al la parkumejo estas kovrita per nigra plasto, kaj la restoracia ferdeko plu restas neluma, sed jam iu kaj alia leviĝas por iri al la necesejoj, kiuj troviĝas en la ŝtuparejo tuj ekster la amasdormejo. La plej multaj plu kuŝas en siaj litoj. Matenmanĝon eblos ricevi nur je la naŭa horo.

En la mateno multaj volas ŝargi sian poŝtelefonon, pli multaj ol estas la kontaktingoj, spite la multajn diskonektilojn. Kiam oni trovas elektron, oni lasas la telefonon kaj iras okupiĝi pri siaj aliaj aferoj. Neniu restas gardi sian telefonon, ĉi tie oni fidas la najbarojn.

Je la oka horo aŭdiĝas poŝtelefona signalo, kiu ne volas silentiĝi. Iu ŝajne foriris de sia telefono kaj forgesis malŝalti la vekon. Kiam la gaja signalo daŭras duan minuton, homoj komencas grumbli. Ĉu neniu povas malŝalti la bruon? Iu kaj alia ja volas ankoraŭ dormeti.

Fine la telefono trovas sian posedanton. Nun eĉ pli da homoj jam vekiĝis.

– Oni pafis en Dnipro dum la nokto, maljuna virino diras al la najbaro en la apuda lito.

Mi kaptas la novaĵojn per la kapaŭskultiloj. Aŭtobusa deponejo en Dnipro, distance de la fronto, estis trafita de rusiaj misiloj. "Estas pereintoj kaj vunditoj. Preskaŭ kvindek aŭtobusoj brulas", rakontas la novaĵlegisto.

Tempas surmeti la vestaĵojn. Plej fore en la angulo, malantaŭ hele bruna pluŝa kurteno, troviĝas provizora vestŝanĝejo. Tiu estas la sola privateco, kiun la amasloĝejo povas proponi, krom la necesejo kaj duŝejo.

Sur du rondaj tabletoj apud la vestŝanĝejo kuŝas periodaĵoj lasitaj de la loĝantoj. Plej supre en la stako videblas pensiula gazeto kun la slogano "La vivo komenciĝas je la emeritiĝo". La titoloj ne same optimismas. "Kial la pensio ne altiĝis post la rekalkulo?" "Kiel ricevi subvenciojn por sanprizorgo?" La titolo de la plej granda artikolo komenciĝas per ukraina proverbo: *Moja ĥata skraju*. Mia kabano staras rande.

Kutime tio signifas "mi nenion scias nek volas scii, tio ne rilatas al mi", sed ĉi tie la proverbo ricevis la malan signifon: "Mia kabano staras rande – mi unue renkontos la malamikon. Kiel pensiulo el Irpin iris defendi la landon kun ĉaspafilo." La nigrablanka foto montras ridetantan, junaspektan pensiulon en kepo kun la ŝtata blazono de Ukrainio, kamuflokolora protektoveŝto kaj kun pafilo enmane. Li efektive aspektas, kvazaŭ ĵus komenciĝis lia nova vivo.

Sur la apuda tablo kuŝas verda kajero kun ukrainaj krucvortenigmoj, la jehovana periodaĵo *La Gardoturo* en la ukraina, kaj ruslingva libreto kun la titolo "Kontempli la Evangelion". La libreton ornamas bildo de Golgoto kun tri malhelaj krucoj kontraŭ griza ĉielo. Aŭ neniu ankoraŭ estis krucumita, aŭ la korpoj jam estis forprenitaj.

Virino, kiu ĵus ellitiĝis, staras inter la litoj kaj ŝminkas sin helpe de malgranda spegulo. Transe de la koridoro patrino voĉlegas la lernejan horaron al knabeto eble dekjara: matematiko, la angla, sporto. Lia lerneja tago komenciĝas je kvarono antaŭ la naŭa.

La knabo sidiĝas sur la rando de la lito kun sia tabulkomputilo kaj diras "bonan matenon" al sia instruisto. Dum estas elektro kaj retligo eblas plu frekventi la lernejon. La plej multaj delonge kutimas studi distance, ĉar la lernejoj grandparte restis fermitaj ekde la komenco de la pandemio.

La disdonado de la matenmanĝo ĵus komenciĝis, kiam mi tuj antaŭ la naŭa envenas la manĝejon, sed ne estas interpuŝiĝo. Mi estas la tria en la vico. La virino malantaŭ la bufedo silentigas iun, kiu volas ekparoli kun ŝi, kaj fingromontras al la radioaparato. Venis la naŭa horo kaj ekas la silenta minuto. Profunda, solena vira voĉo legas la ĉiutagan admonon:

Ĉiumatene je la naŭa horo en la tuta teritorio de nia ŝtato ni memoras la ukrainojn, kiuj donis sian vivon. Ĉiujn. Ĉiujn kiuj batalis. Ĉiujn militistojn, ĉiujn civilulojn. Plenkreskulojn kaj infanojn. Ĉiujn, kiuj povus plu vivi, se Rusio ne komencus ĉi tiun militon. Eternan memoron al ĉiu, kiu donis sian vivon por Ukrainio.

La silenta minuto daŭras kun la sono de metronomo kalkulanta la sekundojn en eĥa ĉambro. La manĝovico same silentas, sed la vivo ne haltas. Neniu parolas, sed unu post la alia ni transdonas niajn telerojn por ricevi la matenmanĝon: pecon da kokido kun rizo, iom da kukumo, sandviĉon kun fromaĝo, enpakitan en plasto, kaj teon.

Post la manĝo mi atingas la duŝejon precize antaŭ ol ĝi estas fermita. Poste mi faldas miajn litotukojn, transdonas ĉion al la deĵoranta volontulo kaj estas malregistrita kiel loĝanto. Male ol la plej multaj aliaj, mi havas hejmon, al kiu reveni.

Ekstere estas iom nebule kaj la vojo al la bushaltejo ne mallongas. Pluvetas, kaj la strato preskaŭ malplenas. Renkonte venas mezaĝa viro kun hundo. Ĉi tie troviĝas nur kelkaj aŭtoriparejoj kaj iuj malnovaj, sovetiaj apartamentaj domoj. Post kilometro da rekta vojo kaj enorma, malplena trafikocirklo, mi turniĝas maldekstren, marŝas plian duonan kilometron preter kelkaj novkonstruitaj apartamentaj domoj kaj benzinejo. Jen fine la suda enveturejo de Lvivo. Mi oblikve transiras kotan, nekonstruitan parcelon kaj apenaŭ havas tempon stariĝi ĉe la haltejo, kiam jam alvenas buso.

– Ĉu ĝi iras al la centro? mi demandas al la virino, kiu staras apud mi kun sia filineto.

– Mi kredas, sed mi ne estas lokano, ŝi respondas.

Ŝia ukraina lingvaĵo estas iom hezita, kiel la mia. Supozeble ankaŭ ŝi venas de la amasloĝejo.

Mi pagas kontante al la busŝoforo – diference de Kijivo, en Lvivo tia primitiva maniero plu eblas – kaj sidiĝas apud fenestro en la duonplena buso. Precize kiam ni ekveturas de la haltejo, mia telefono ekblekas. Same tiu de la najbara pasaĝero. Kaj multaj aliaj. Estas aerataka alarmo. Ĉu la buso haltos? Ĉu ni trovu ŝirmejon ie? Mi rigardas ĉirkaŭ mi. Neniu atentas. La buso ne haltas. Ĉiuj kutimiĝis al la milito. Ni estas bonŝancaj, nenio okazas. Ne ĉi tie, ne nun.

Kial ĉi tiu milito? Kian sencon havas detrui Ukrainion per bomboj por "liberigi" la ukrainojn? Kiel Vladimir Putin povas aserti, ke la ukrainoj efektive estas rusoj – kaj samtempe diri, ke Rusio nek volas okupi ukrainan teritorion, nek malrespekti la interesojn de la ukraina popolo? Kiel atako povas esti defendo?

Estas perversa logiko en la argumentoj de Putin. Li vere defendas Rusion – sed la Rusio, kiun li defendas, ne troviĝas en la fizika mondo. La rusiaj trupoj, kiuj mortigas kaj mortas en kotaj trenĉeoj en suda Ukrainio, batalas por ideo. La ideo pri la eterna sankta Rusio, kiu savos la mondon de dekadenco, morala degenero kaj malpieco. Rusio, kiu estas morala superpotenco.

Eraras tiu, kiu asertas, ke tia Rusio ne ekzistas. Ĝi delonge ekzistas – en la mondo de la ideoj. La speciala rolo de Rusio kiel la savanto de la mondo estas idea konstruo kiu vivas sian propran vivon, sendependan de la realo, jam de pluraj jarcentoj. Cetere la ideo ne estas aparte originala.

Jam en la 17-a jarcento en Portugalio aperis la populara ideo, ke ĝuste la portugaloj havas specialan rolon en la monda historio, ĉar ili faris grandajn esplorvojaĝojn kaj konkeris teritoriojn, en kiuj pli frue loĝis nur sovaĝaj paganoj. Samtempe en Pollando multaj fieris pri la speciala rolo de la poloj en la monda historio,

kiel defendantoj de la ĝusta katolika kredo kontraŭ orientaj uzur-
pantoj. La anglaj puritanoj, kiuj en la 17-a jarcento navigis al Norda
Ameriko, same estis konvinkitaj, ke ĝuste ili ricevis specialan
taskon de Dio. Ankaŭ Svedio komprenebla havis specialan rolon
en la historio, kiel defendanto de la ĝusta luterana kredo dum la 30-
jara milito, kiam la konkeroj de Gustavo la 2-a Adolfo igis Svedion
grandpotenco. Kaj en Rusio post la falo de Konstantinopolo en
1453 baldaŭ disvastiĝis la ideo pri Moskvo kiel la tria Romo, la
eterna centro de la sola ĝusta, ortodoksa kredo.

En Germanio en la 19-a jarcento evoluis la ideo pri la tute spe-
ciala rolo kaj vojo de Germanio en la monda historio – *Sonderweg*.
La tasko de la germanoj en la mondo estis kontraŭbatali la mora-
lan degeneron kiun reprezentis kaj disvastigis unuavice la franca
revolucio. Similaj pensoj baldaŭ iĝis popularaj ankaŭ en Rusio,
tamen kun la diferenco, ke tiun specifan rolon ricevis ne Ger-
manio, sed Rusio. Tiaj pensoj estas centraj ekzemple en verkoj
de Dostojevskij. Post iom pli ol cent jaroj oni povas trovi similajn
ideojn en la publikaĵoj de Aleksandr Solĵenicin.

La unua mondmilito kaŭzis la disfalon de la Rusia, Habsburga
kaj Otomana imperioj. Sed la Rusia imperio baldaŭ resurektis en
nova formo – kaj la rusia morala misio en la mondo ŝanĝis formon.
La ĝusta kredo, kiun necesis disvastigi, ne plu estis ortodoksa
kristanismo, sed ortodoksa marksismo-leninismo. Per revolucio
Rusio, nun sub la nomo Sovetio, denove savos la mondon.

La monda revolucio prokrastiĝis, sed post provo alianciĝi kun
Hitlero en la komenco de la dua mondmilito Stalino fine sukcesis
"liberigi" kaj sklavigi grandan parton de Eŭropo. La Rusia imperio
nun atingis de la Beringa markolo ĝis Berlino kaj estis pli potenca
ol iam ajn dum la monda historio. La venko en la "granda patriota
milito" sekve estas tio, pro kio oni en la hodiaŭa Rusio memoru
Stalinon. Ĉio alia estas malpli grava, kaj la aliancon kun Hitlero
por dividi Eŭropon oni prefere tute forgesu. Tial nun en Rusio
estas kontraŭleĝe "publike egaligi la agojn de Sovetio kaj Nazia
Germanio".

Ĉio misiris en 1991, kiam Sovetio disfalis. Tiu estis la plej granda geopolitika katastrofo de la 20-a jarcento, laŭ Putin – kaj laŭ multaj aliaj en Rusio, kie la loĝantaro dum la lastaj dudek jaroj estas nutrata per nostalgio pri Sovetio, de mateno ĝis vespero. Sed nun Rusio korektos la eraron. Plian fojon Rusia imperio leviĝos el la cindroj. Rusion oni ne puŝu al la periferio, kiel faris Barack Obama en 2014, kiam li nomis Rusion "regiona potenco" kiu atakas siajn najbarojn "ne pro sia potenco, sed pro sia malforto". Pli severe oni apenaŭ povas insulti Vladimir Putin. Rusio ja estas superpotenco kun speciala tasko en la mondo. Rusio estu en la centro de monda politiko, ne en la periferio. Kaj por esti en la centro, Rusio bezonas Ukrainion kiel sian propran periferion. La rusaj trupoj en Ukrainio batalas por "la rusa mondo" – io en sia esenco diferenca de la okcidenta morala degenero.

– Tio, kio okazas en la okcidento, estas simple la sinmortigo de civilizo, diris la iama esperantisto, armil-komercisto Viktor But, konata ankaŭ kiel la "komercisto de morto", en rusia televida intervjuo en decembro 2022, tuj post kiam li estis liberigita en interŝanĝo de malliberuloj kun Usono. Hejme en Rusio oni lin akceptis kiel heroon.

Eblas diskuti, kie efektive okazas sinmortigo de civilizo, sed la milito en Ukrainio tute evidente estas milito de ideoj. La ideon pri Ukrainio oni starigas kontraŭ la ideo pri la "rusia mondo" kaj la speciala rolo de Rusio, Rusio kiel morala superpotenco. Tial en Rusio oni malpermesas ĉian diskuton pri similaĵoj inter Sovetio kaj nazia Germanio, tial la rusiaj okupaciaj trupoj konfiskas ukrainajn librojn, samkiel faris la pedeloj de la caro en la 19-a jarcento, kaj tial ili detruas ukrainajn muzeojn kaj kulturajn instituciojn.

Precize kiel en la 19-a jarcento, la Rusia imperio klopodas ekstermi la ukrainan ideon. Aŭ la ukrainajn ideojn, ĉar ili estas pluraj. La ideo pri Ukrainio kiel sendependa ŝtato. La ideo pri la aparta valoro de la ukrainaj lingvo kaj kulturo. Pri la historia destino de ukrainoj kiel la posteuloj de la liberon amantaj kozakoj. Pri tio, ke efektive Rusion kreis Ukrainio.

La ideoj havas varian fundamenton en la realo, samkiel ĉiuj naciaj mitoj, sed la reganta ideo en Ukrainio nun estas la ideo pri Eŭropo, pri demokratio kaj juroŝtato. Ĝi estas la ideo pri libero.

Kiam nacioj naskiĝas, ili alproprigas la pasintecon, ĉar tie ili serĉas la pravigon de sia ekzisto. Tial Rusio volas uzurpi ankaŭ la ukrainan historion. La rusa ideo estas ideo pri la brila pasinteco.

Sed nacioj estas ne nur historio, ili estas ankaŭ procezoj. Nacio neniam pretas, ĝi ĉiam devas redifinadi sin. Tion faradas Ukrainio dum la lastaj jaroj, kaj tion volas malhelpi Rusio. Ĉar la rusa ideo estas ideo pri imperio, kaj tiu ideo ne permesas la ekziston de sendependa Ukrainio. Por ke la milito finiĝu, Rusio devas ekhavi alian ideon – sed neniaj alternativaj ideoj pri la fundamenta esenco de Rusio estos permesataj, dum la estroj de Kremlo ne ŝanĝiĝos.

Ĝis tiam Ukrainio devas sin koncentri al la ideo, kiun la finna prezidento Mauno Koivisto iam nomis la ideo de Finnlando: transvivi.

Alian tagon mi trovas min ĉe la preĝejo de Petro kaj Paŭlo en la absoluta centro de Lvivo, plej ofte nomata la Garnizona preĝejo. Iam en la 17-a jarcento ĝi estis konstruita por la aŭstra garnizono. Inter la mondmilitoj ĝi estis la preĝejo de la pola garnizono. Dum la soveta tempo preĝejoj ne estis bezonataj, la konstruaĵo estis transformita al biblioteka deponejo. La preĝeja halo estis plenŝtopita je altaj librobretaroj. Post la falo de Sovetio daŭris dudek jarojn, ĝis la libroj fine estis forportitaj kaj la preĝejo denove iĝis preĝejo. La rekonstruado plu daŭras, sed ekde 2010 la grek-katolika eklezio de Ukrainio disponas pri la konstruaĵo. Sepultoj de pereintoj el la regiono de Lvivo okazas ĉi tie preskaŭ ĉiutage. En ĉi tiu mardo ili estas du: la 40-jara Oleh Pidhorodeckij kaj la 33-jara Nazarij Klimkiv. La nomojn oni anticipe diskonigas en la retejo de la urba registaro, loĝantoj de Lvivo estas bonvenigataj al la ceremonio por honori la falintajn batalantojn. En la retpaĝo eblas legi, ke la plej proksima parenco de Oleh Pidhorodeckij estas lia patrino. La patro de lia avo estis ekzekutita de la sovetia sekurservo NKVD. Nazarij Klimkiv estas funebrata de la edzino, nun vidvino. Ilia filo ĵus iĝis dumonata kaj ankoraŭ ne scias, ke li perdis sian patron.

Ekster la preĝejo atendas homamaso. La sonorilo vokas. Sola vira voĉo malrapide, trifoje ĉantas: "Sankta Dio, Sankta Fortulo, Sankta Senmortulo, kompatu nin!"

Ĉiu falas sur la genuojn antaŭ la ĉerkoj, kiujn portas kamufle vestitaj junaj soldatoj, laŭ la strato kaj en la preĝejon. Antaŭ ĉiu ĉerko estas portata granda, blu-flava ukraina flago kaj nigra surtomba kruco kun la nomo de la pereinto.

En la preĝejo la ĉerkoj estas lokataj en la meza koridoro kaj ĉirkaŭataj de honora gardistaro. La nelonga, modestatona prediko de la pastro plenas je funebro kaj dankosento al la viroj, kiuj donis sian vivon por la libero de Ukrainio. Li parolas pri amo, ne pri malamo. Pri tio, kion signifas zorgi pri la proksimulo, doni ĉion por la proksimulo. Pri la libero.

– Ni ne scias, kion portos la estonteco, li diras, starante apud unu el la ĉerkoj, kun mikrofono en la mano.

Li aspektas serioza kaj iom laca. Li jam tro da fojoj faris ĉi tion.

La Marsa kampo apud la tombejo de Liĉakiv iam estis aranĝita kiel memorejo pri la sovetiaj herooj de la dua mondmilito. Nun granda parto de la verda herbejo estas trafosita kaj transformita al heroaj tomboj de la pereintoj en la milito de la jaro 2022. Jen la bluflavaj flagoj kaj nigraj krucoj staras en longaj vicoj. Sur ĉiu kruco pendas portreto: junaj kaj mezaĝaj viroj en militistaj uniformoj. Kelkaj serioze mienas, aliaj ridetas. Ĉiuj estas mortaj.

Ivan Kovalskij aspektas severa sur sia portreto. Li forpasis antaŭ semajno. Li atingis la aĝon de tridek jaroj. La floroj eĉ ne komencis velki.

Lia patrino Marija staras apud la tombo kaj ploras. Ŝi malfacile elbuŝigas la vortojn, sed ŝi volas diri ion gravan. La tuta mondo sciu, ke Rusio volas mortigi la estontecon de Ukrainio.

– Ĉiutage estas enterigoj ĉi tie. Se ne ĉi tie, do en la vilaĝoj, ĉar ĉi tie oni entombigas nur tiujn, kiuj venas el Lvivo. Skribu la veron!

Ivan estis rekrutita la 18-an de julio, tiam Marija lastfoje brakumis sian solan filon. Post du monatoj li estis mortigita ĉe la fronto.

– Ne eblas tiel. Karaj, savu niajn infanojn.

Gravaj jaroj en la historio de Ukrainio

Ekde Kijiva Rusjo ĝis Rusia imperio

988–989 – Volodimir 1-a de Kijivo akceptas kristanismon de Bizanco kaj edziĝas al la fratino de la bizanca imperiestro Anna.

1037 – La Sofia katedralo en Kijivo estas finkonstruita.

1240 – Mongoloj rabinvadas Kijivon.

1362 – La mongoloj estas forpelitaj el Kijivo kaj la ĉefa parto de la ukrainaj teritorioj iĝas parto de Litovio.

1569 – La Pola-Litova unio estas formale starigita kiel ŝtato per la Lublina Unio. La ĉefa parto de la ukrainaj teritorioj nun apartenas al la pola parto de la unio.

1648 – Kozakoj gvidataj de Bohdan Ĥmelnickij ribelas kontraŭ Pollando.

1654 – La unio en Perejaslav. La kozakoj alianciĝas kun Moskvo kontraŭ Pollando. Post milito inter la Moskva regno kaj Pollando la parto de Ukrainio oriente de Dnepro iĝas parto de la Moskva regno (Rusio).

1709 – La kozaka estro Ivan Mazepa alianciĝas kun Svedio, sed en Poltava la svedoj kaj la kozakoj estas venkitaj de la caro Petro la 1-a.

1795 – La tria divido de Pollando. Pollando perdas sian sendependon kaj la ĉefa parto de la hodiaŭa Ukrainio iĝas parto de la Rusia imperio, kiun Petro 1-a deklaris fondita en 1721.

1815 – La Viena kongreso post la Napoleonaj militoj fiksas la limon inter Aŭstrio kaj Rusio por la sekva jarcento. La limo tranças tra ukrainaj teritorioj, sed la ĉefa parto de la hodiaŭa Ukrainio restas sub rusa regado.

1863 – Preskaŭ ĉiuj publikaĵoj en la "malgrandrusa lingvo" estas malpermesitaj en Rusia imperio.

1876 – La malpermeso de publikaĵoj en la ukraina lingvo estas severigita. Ankaŭ teatraj prezentadoj nun estas malpermesitaj.

1881 – Kelkaj teatraj prezentadoj denove estas permesitaj.

1893 – La ukraina iĝas la lerneja lingvo en Galicio en la aŭstria parto de Ukrainio.

1895 – Ankaŭ infana literaturo en la ukraina estas malpermesita en la Rusia imperio.

1905 – La unua Rusia revolucio. La malpermeso de ukrainaj publikaĵoj estas nuligita. La ukraina gazetaro rapide evoluas.

Revolucio

1914 – Ukrainio iĝas centra scenejo de la bataloj de la unua mond-milito.

1917 – Post la februara revolucio Ukrainio ekhavas aŭtonoman statuson sub la provizora rusa registaro. Post la oktobra revo-lucio la bolŝevikoj starigas sovetan registaron en Ĥarkivo. La milito inter Soveta Rusio kaj Ukrainio komenciĝas.

1918 – Ukraina popola respubliko kun ĉefurbo en Kijivo deklaras sin sendependa kaj petas helpon de la centraj potencoj. En fe-bruaro la bolŝevikoj invadas Kijivon kaj iniciatas ruĝan teroron – miloj da suspektataj kontraŭuloj de la bolŝevika regado estas ekzekutataj. En marto germanaj trupoj forpelas la bolŝevikojn kaj okupas Kijivon. En novembro en Lvivo estas deklarata la estiĝo de Okcidentukraina popola respubliko. Polaj trupoj prenas Lvivon.

1921 – La pola-sovetia milito finiĝas. La plej okcidentaj partoj de la ukraina teritorio, inkluzive de Lvivo, iĝas parto de Pollando. La cetero de Ukrainio iĝas Ukraina soveta respubliko.

Sovetio

1922 – Sovetio estas fondita. Dum dek jaroj daŭras politiko de ukrainigo – la statuso de la ukrainaj lingvo kaj kulturo estas fortigata en Ukraina soveta respubliko.

1928 – La kolektivigo de la terkulturado komenciĝas.

1932–1933 – Milionoj da ukrainoj pereas en la malsatkatastrofo Holodomor kiam la sovetaj regantoj konfiskas la kompletajn rikoltojn.

1933 – Fino de la politiko de ukrainigo. Purigoj de la ukraina komunisma partio komenciĝas, kaj kulminas en la jaroj 1937–1938.

1939 – Stalino alianciĝas kun Hitlero por disdividi orientan Eŭropon. Germanio kaj Sovetio inter si dividas Pollandon. Okcidenta Ukrainio kun Lvivo iĝas parto de Sovetio.

1941 – Hitlero komencas sian atakon kontraŭ Sovetio. Ukrainio estas centra scenejo de la bataloj dum granda parto de la dua mondmilito.

1944 – Sovetio rekonkeras Ukrainion. La krimeaj tataroj estas ekzilitaj al Centra Azio.

1954 – Krimeo iĝas parto de Ukraina soveta respubliko.

1963 – Petro Ŝelest, la partiestro de Ukrainio, komencas diskretan politikon de subteno al la ukrainaj lingvo kaj kulturo.

1972 – Ŝelest estas akuzata pri naciismo kaj eksigita. Lia posteulo Volodimir Ŝĉerbickij enprizonigas centon da disidentoj, disciplinas la kulturan vivon kaj fortigas la statuson de la rusa lingvo en Ukrainio.

1985 – Miĥail Gorbaĉov iĝas la ĝenerala sekretario de la komunisma partio de Sovetio kaj iniciatas modestajn reformojn.

1986 – La Ĉernobila katastrofo.

1988 – La unuaj grandaj opoziciaj manifestacioj en Ukrainio. La partoprenantoj plej multas en Lvivo.

1990 – La unuaj parte liberaj elektoj al la parlamento de Ukrainio.

Sendependo

1991 – Post la aŭgusta puĉo en Moskvo la parlamento de Ukrainio aprobas deklaron de sendependo. Majoritato de la ukrainianoj subtenas ĝin en referendumo. Leonid Kravĉuk iĝas prezidento de Ukrainio post liberaj elektoj. Sovetio ĉesas ekzisti fine de la jaro.

1994 – Leonid Kuĉma estas elektita prezidento. Ukrainio fordonas siajn nukleajn armilojn. La tri nukleaj potencoj Rusio, Usono kaj Britio subskribas la Budapeŝtan memorandon, kiu celas garantii la sendependon kaj teritorian integrecon de Ukrainio.

1997 – La sovetia Nigramara floto estas dividita inter Rusio kaj Ukrainio. La ĉefan parton ricevas Rusio, kiu krome rajtas lui parton de la haveno en Sebastopolo dum dudek jaroj.

1999 – Leonid Kuĉma reelektita kiel prezidento.

2004 – La oranĝa revolucio. Viktor Juŝĉenko elektita prezidanto de Ukrainio.

2010 – Viktor Janukoviĉ elektita prezidento de Ukrainio. La lu-kontrakto de la Rusia floto en Sebastopolo estas longigita ĝis 2042 post pugnobataloj kaj ovoĵetado en la parlamento.

2013 – Viktor Janukoviĉ en la lasta momento, post premo el Mos-kvo, ŝanĝas sian opinion kaj rifuzas subskribi la asociiĝan inter-konsenton de Ukrainio kun Eŭropa Unio. Manifestacioj ko-menciĝas en Placo de Sendependo en la centro de Kijivo en novembro.

2014 – Janukoviĉ fuĝas al Rusio post malsukcesaj provoj haltigi la manifestaciojn perforte. Rusio aneksas Krimeon, starigas la "popolajn respublikojn" DNR kaj LNR kaj ekigas la militon en orienta Ukrainio. Petro Poroŝenko estas elektita prezidento de Ukrainio.

2015 – Post la dua Minska interkonsento en februaro la kontakt-linio inter la batalantaj armeoj stabiliĝas kaj la milito iĝas mal-intensa.

2019 – Volodimir Zelenskij elektita prezidento de Ukrainio.

2022 – Rusio komencas plenskalan invadon de Ukrainio, sed ne sukcesas kapti Kijivon. La rusiaj trupoj kaptas la tutan mar-bordon de la limo ĝis Krimeo, sed devas retiriĝi el norda Ukrai-nio, el la provinco de Ĥarkivo en la oriento kaj el parto de la provinco de Ĥerson en la sudo. Poste Rusio komencas grand-skalan bombadon de la civila infrastrukturo en Ukrainio.

Postparolo

Ial la diplomata vizo por Rusio neniam volis veni. Mia unujara posteno kiel gazetara ataŝeo ĉe la ambasado de Svedio en Moskvo ekis komence de septembro 2018, sed unue mi devis labori hejme en Lund. Nur multe poste mi eksciis, ke mi iĝis ludpeco en diplomatia konflikto inter Svedio kaj Rusio, en kiu Svedio "kun serioza fakta bazo" rifuzis doni diplomatajn vizojn al certaj personoj, kiujn Rusio volis postenigi en sia ambasado en Stokholmo. En ordinara lingvo la diplomatia formulo evidente signifas, ke temis pri konataj spionoj, kiujn Svedio ne volis akcepti kiel diplomatojn.

Pri tio mi sciis nenion, kiam oni fine transdonis al mi la sopiratan diplomatan pasporton kun la rusia vizo. Post apenaŭ du monatoj, kiam mi ĵus komencis kompreni, kion mi faru en mia laboro en Moskvo, sonoris la telefono en mia ambasada oficejo. La ambasadoro volis urĝe renkonti min. Ĉu mi jam ion grave fuŝis?

Tamen montriĝis, ke ne la svedaj moŝtoj havis vidpunktojn, sed la rusia ministerio de eksterlandaj aferoj. La rusiaj aŭtoritatoj transdonis al la ambasadoro noton, laŭ kiu mi forlasu la landon antaŭ la jarŝanĝo. Restis nenio por fari krom ekpaki la valizojn.

Nek la unuan nek la lastan fojon svedia diplomato estis forpelita el Rusio, do jam estiĝis certa rutino. Mi ricevis proponon daŭrigi mian laboron en la ambasado de Svedio en Kijivo, kio retrospektive estas unu el la plej bonaj turniĝoj en mia laborvivo. Mi ekhavis la ŝancon dum pli ol duona jaro surloke profundiĝi en la ukrainajn politikon kaj kulturon, ekhavis novajn kontaktojn kaj intense studis la ukrainan lingvon.

Ĝis 2019 Ukrainio por mi, samkiel por multaj aliaj, estis lando en la ombro de Rusio. La politiko en Ukrainio kun siaj abruptaj turniĝoj, kotoĵetado kaj akraj televidaj debatoj estis malfacile komprenebla, ĉar ĝi tute ne similis al la striktaj disciplino kaj hierarkio en Rusio. La lingvo impresis malfacile komprenebla variaĵo de la rusa.

Kelkaj monatoj en Kijivo sufiĉis por ekkompreni, ke stranga estas Rusio, dum Ukrainio en multaj manieroj estas klare pli normala: lando kun vera politika diskuto, funkcianta civitana socio kun fortaj organizaĵoj kiuj kontrolas kaj disciplinas la potenculojn – kaj kun veraj elektoj, per kiuj la regantoj kun regulaj intervaloj estas ŝanĝataj. Estus interese lasi ordinarajn ukrainojn rakonti pri ĉio ĉi en libro, mi pensis.

Kaj jen venis la milito.

Unue mi pensis ekveturi al Ukrainio tuj post la milito – sed ĝi ne montris tendencojn finiĝi. Do fine mi tamen veturis. En septembro kaj oktobro 2022 mi pasigis tri semajnojn en Lvivo kaj Kijivo, kie mi faris dudekon da intervjuoj, multajn el ili en Arena Lviv, la futbala stadiono kiu transformiĝis al amasloĝejo de internaj rifuĝintoj. La ĉefan parton de la intervjuoj mi faris en la ukraina lingvo. Kelkaj el la personoj preferis paroli ruse.

La plej multaj intervjuitoj estas prezentataj nur per la persona nomo – multaj havas parencojn en la okupitaj teritorioj aŭ pro aliaj kialoj ne tre volas aperi en identigebla maniero en teksto, kiu dum la daŭranta milito povas esti legata ankaŭ de la malamiko. Pro la sama kialo mi apenaŭ mencias ion pri la militaj aranĝoj, postenoj kaj rutinoj, kiujn mi observis dum la vojaĝo en Ukrainio.

Mi antaŭ ĉio dankas ĉiujn intervjuitojn – ĉi tiu estas via libro samgrade kiel mia. Ne ĉiuj intervjuoj aperas en la libro, sed ĉiuj influis la enhavon. Mi same dankas ĉiujn ukrainajn aŭtoritatojn, kun kiuj mi kontaktis, pro ilia valorega helpo. Specialan dankon al Julija Ŝatoĥina en Arena Lviv kaj la ambasado de Ukrainio en Stokholmo.

Mi dankas ankaŭ al István Ertl pro kiel ĉiam kompetenta provlego de la Esperanta versio, kaj al Ulrich Becker ĉe la eldonejo Mondial pro la rapida prespretigo. Ĉiuj restantaj eraroj en la libro evidente estas miaj.

Lund, junio 2023

Printed in the USA
CPSIA information can be obtained
at www.ICGtesting.com
LVHW040921181223
766756LV00003B/121